KYNOS KLEINE HUNDEBIBLIOTHEK

AMERICAN STAFFORD

KYNOS VERLAG MÜRLENBACH

KYNOS KLEINE HUNDEBIBLIOTHEK

American Stafford

Wie sie wirklich sind – sein sollen!

Simone Beckmann

INHALTSVERZEICHNIS

Titelfoto: Arthur of Steel & Velvet, Foto: Gerold Pötz
Rücktitel Foto: Olaf Dülberg
Vorsatz Foto: Corinne Basello
Nachsatz Foto: Gerald Pötz

IMPRESSUM

© 1997 KYNOS VERLAG Dr. Dieter Fleig GmbH.
Am Remelsbach 30, D-54570 Mürlenbach/Eifel
Telefon: 06594/653, Telefax: 06594/452

ISBN-Nr. 3-929545-57-8

Gesamtausführung:
DRUCKEREI ANDERS, D-54595 Prüm, Telefon: 06551/9503-0

Foto: Thomas Lemke

Als Herr Dr. D. Fleig an mich herantrat, ob ich für den Kynos Verlag dieses Buch schreiben möchte, mußte ich nicht lange überlegen. Das Wohl der Rasse American Staffordshire Terrier liegt mir sehr am Herzen. Und das von Tag zu Tag mehr, weil kaum ein solcher vergeht, ohne daß neue Schreckensmeldungen über eine Rasse erscheinen, die zu den menschenfreundlichsten überhaupt gehört!

Wenn Menschen, die selbst keinen Hund zum Partner haben, sich von diesen oft völlig falsch recherchierten Berichten negativ beeinflussen lassen, so ist das traurig, aber doch verständlich. Weil aber immer mehr Hundehalter Vorurteile gegen den American Staffordshire hegen, ihn für gefährlich und beißwütig halten, muß man sich fragen, woran das liegt.

An der Rasse selbst ganz sicher nicht! Wer jemals einen gut erzogenen und sozialisierten Staff erleben durfte, mit seinem typischen breiten Grinsen begrüßt wurde, der weiß, daß dieses vor Temperament, Kraft und Eleganz strotzende Energiebündel kaum ein größeres Vergnügen kennt, als wortwörtlich jeden freundlich gesonnenen Menschen überschwenglich zu begrüssen! Er ist geradezu verrückt nach Kindern, läßt sich mit schier endloser Geduld drücken, beschmusen und erträgt es ebenso, wenn Kinder einmal zu grob werden. Der Stafford ist mittelgroß, hat sehr pflegeleichtes Fell, ist ein angenehm ruhiger Genosse im Haus, der nur selten bellt. Trotzdem ist er bei allen Aktivitäten begeistert dabei und eignet sich für fast alle Arten des Hundesportes. Kurz: Der ideale Familienhund!

Dennoch ist es eine Tatsache, daß der Ruf des Staffords nicht der beste ist. Woran aber liegt es nun?

Zum einen ist der Staffordshire ganz sicher kein Hund für jedermann! Oftmals landet er bei Menschen, die nicht in der Lage sind, ihn konsequent und sinnvoll zu erziehen. In erschreckendem Maße »steht« er in der Hand von Leuten, denen der Gedanke an eine »Waffe auf vier Pfoten« durchaus gefällt oder sich den Hund wegen seines schlechten Rufes angeschafft haben. Später sind diese Hunde meist im Tierheim wiederzufinden, weil ihre Halter nicht mehr fähig waren, den Hund - der doch nur so geworden ist, wie sein Besitzer ihn haben wollte - ausreichend zu kontrollieren. Von den professionellen Hundekämpfen will ich gar nicht reden. Zum einen wenden sie sich seit Neuestem mehr Kreuzungen aus Staffords und anderen Kampfhunderassen zu und an den blutigen Schlagzeilen der letzten Jahre waren sie fast gar nicht beteiligt. Es ist also, wie immer, der Mensch, der aus einem Welpen, der gewissermaßen ein unbeschriebenes Blatt Papier ist, einen nicht mehr zu kontrollierenden Hund macht!

Sei es durch fehlende, falsche oder fehlgerichtete Erziehung, falsche Haltung (Zwinger!) oder auch durch Zucht. In den letzten Jahren ist der American Stafford in rauhen Mengen gezüchtet worden! Lesen Sie einmal den Anzeigenteil einer beliebigen Hundezeitschrift: Staffords wohin das Auge blickt! Es hat noch keiner Rasse gutgetan, wenn die Welpenzahlen so sprunghaft gestiegen sind. Dem American Stafford muß es ganz besonders schaden, da er nicht einmal einen guten Ruf zu verlieren hat! Und da zur Zeit gutes Geld mit diesen Hunden zu verdienen ist, wird ohne Rücksicht auf korrektes Wesen, körperliche Gesundheit und das zweifellos vorhandene

Erbe der Rasse als direkter Nachkomme des American Pit Bull Terriers »gezüchtet«, besser gesagt produziert, was die Hündinnen hergeben.

Wenn diese Entwicklung anhält, wird es in absehbarer Zeit dazu kommen, daß diese einzigartige Rasse Geschichte sein wird, weil sie tatsächlich verboten wurde.

Ich möchte nun meinen Teil dazu beitragen, diese Rasse ins rechte Licht zu rücken. Ich möchte, daß Interessenten sich für - oder auch gegen - den Staffi entscheiden, weil er so ist, wie er eben ist. Mein Ziel ist, daß Halter dieses liebenswerten Dickkopfes ihn besser verstehen und somit lenken können.

Und nicht zuletzt möchte ich dazu beitragen, daß meine beiden heiß geliebten »Kampfhunde« auch in Zukunft noch jeden Menschen wedelnd begrüßen können, ohne eine Panik auszulösen. Ebenso alle anderen Vertreter einer der menschenfreundlichsten Rassen der Welt - des American Staffordshire Terriers.

Gronau, im Oktober 1996

Simone Beckmann

Kapitel Eins

ENTSTEHUNG DER RASSE

Rassenentstehung

Die Ausgangsrassen

Anerkennung als eigene Rasse

Charakteristische Merkmale

Harmony of Dark Star.   *Foto: Gerald Pötz*

RASSENENTSTEHUNG

Schon immer haben Menschen besonders geeignete Hunde für die unterschiedlichsten Zwecke ausgewählt. Beispielsweise wurden zwei herausragende Jagdhunde miteinander gepaart, von deren Nachkommen wiederum die besten verpaart, bis die Eigenschaft »guter Jagdtrieb« in dieser Linie gefestigt war. Im Laufe der Zeit spezialisierten diese alten Züchter ihre Hunde auf bestimmte Aufgaben. So gab es bald »Rassen«, besser Schläge, eigens zur Jagd, zum Hüten oder Bewachen des Nutzviehs oder zum Transportieren von Lasten. Es entstanden für die unterschiedlichsten Arbeiten besonders geeignete Rassen.

Auch unser moderner Hund trägt diese, ihm ursprünglich zugedachten Berufe in sich, wenn auch abgeschwächt durch Umzüchtung zum Allround-Familienhund. So sind etwa Windhunde auch heute noch schwer von der Leine zu lassen, ihr Beruf, das Hetzen von Wild, liegt ihnen im Blut! Doch Erziehung macht vieles möglich. Wenn man den ursprünglichen Aufgabenbereich einer Rasse und die dafür benötigten Eigenschaften kennt, kann man das Verhalten dieser Hunde verstehen und Einfluß darauf nehmen.

DIE AUSGANGSRASSEN

Um die Wesenseigenschaften unseres American Staffordshires zu verstehen, muß man sich die beiden Ahnherren der Rasse - Bulldog und Terrier - genauer ansehen. Der alte englische Bulldog, der Anfang des 19. Jahrhunderts gezüchtet wurde, war ein mutiger, furchtloser Hund mit starkem und kompaktem Körper, ausgeprägter Muskulatur und enormen Kiefern. Er wurde für das Bullbaiting gezüchtet, einen blutigen »Sport«, bei dem der Bulldog einen angepflockten Bullen angreifen und an der Nase festhalten mußte. Alte Stiche dieser Kampfbulldogs zeigen Hunde, die dem American Stafford vom Körperbau her recht ähnlich sind.

Der andere Ahnherr der Rasse war der Terrier, wobei die Meinungen bezüglich der Rasse auseinandergehen. Gemeinhin nimmt man an, daß es der English White Terrier war, der mit dem Bulldog gepaart wurde. Da man aber einen »game«-Hund für den immer beliebter werdenden Hundekampf züchten wollte, erscheint es wahrscheinlicher, daß ein raubzeugscharfer Arbeitsterrier, etwa der Foxterrier, verwendet wurde. Der English White Terrier galt nicht als sehr mutig.

Durch die Verbindung Bulldog mit Terrier entstand eine Rasse, welche die Kraft, den Mut und die Hartnäckigkeit des Bulldog mit der Angriffslust, der Schnelligkeit und dem Schneid des Terriers in sich vereinte. Sie erbte die Kraft und die Masse des Bulldog, war aber wendiger und geschickter. Dieser Bull-and-Terrier genannte Hund eignete sich perfekt für den Kampf Hund gegen Hund. Durch jahrzehntelange Auslese in der Kampfarena, der Pit, durch die immer nur die Sieger zur Zucht gelangten, gewann diese Rasse schnell den Ruf als grandiose Kämpfer.

In England entwickelten sich aus diesen Hunden die Staffordshire-Bull-Terrier, aus denen unter Zuführung von deutlich mehr Terrierblut und wohl auch Dalmatinern der Englische Bullterrier entstand. Hunde beider Rassen gelangten um 1870 nach Amerika, wo Züchter

Typischer Staffordblick.

ihren Wunsch nach einem gestreckteren und schwereren Hund verwirklichten. Dieser wurde bald als Pit Bull Terrier, Yankee Terrier oder auch American Bull Terrier bekannt.

ANERKENNUNG ALS EIGENE RASSE

Anhänger dieses Pit Bull Terriers entschlossen sich, ihre Hunde nicht länger in den grausamen und blutigen Kämpfen zu verwenden und bemühten sich um die Anerkennung der Rasse durch den AKC (American Kennel Club). Diese war der Rasse bis dahin verwehrt worden, weil der AKC einerseits keine Rasse anerkennen wollte, die für illegale Kämpfe mißbraucht wurde, andererseits war das Erscheinungsbild der Hunde sehr unterschiedlich, da sie ausschließlich auf ihre Leistungsfähigkeit selektiert worden waren. Die Freunde dieser Hunde stellten einen Rassestandard auf, um eine einheitliche Erscheinung zu erreichen und wandten sich offiziell vom Kampf ab. 1936 wurde die Rasse, die nun Staffordshire Terrier genannt wurde, vom AKC in das Zuchtbuch aufgenommen. Der erste eingetragene Name war »Farmer's Snuggle Up«, eine Hündin, die in ihrem Besitzer W.T. Brandon einen maßgeblichen Förderer der Rasse hatte.

Ihren endgültigen Namen erhielt die Rasse 1972, als sie zur eindeutigen Abgrenzung vom englischen Staffordshire Bullterrier in American Staffordshire Terrier umbenannt wurde. Wenn sich nun die Frage stellt, wo der Am. Staff. beginnt und der Pit Bull endet, so kann diese Frage nicht eindeutig beantwortet werden. Denn lange Zeit war das Zuchtbuch des AKC auch für Hunde offen, die bereits vom United Kennel Club (UKC) als Pit Bulls anerkannt waren. Auch muß man sich vor Augen halten, daß der Stafford aus dem Pit Bull herausgezüchtet wurde. Auch heute noch findet man in beiden Rassen Hunde, die den Standard beider Clubs erfüllen. So werden sich die Experten noch einige Zeit streiten! Meiner Ansicht nach, die allerdings sehr umstritten ist, sind beide Rassen im Prinzip zwei Schläge einer Rasse, Showtyp Stafford und Arbeitstyp Pit Bull. Weil aber auch Staffs für die Arbeit gezüchtet werden und Pits rein zu Ausstellungszwecken, stimmt das wohl so auch nicht ganz. Das einzige, was die Rassen eindeutig unterscheidet, ist die längere Vergangenheit des Staffs als ehemaliger Kampfhund, wogegen der Pit Bull immer noch für Kämpfe mißbraucht wird.

CHARAKTERISTISCHE MERKMALE

Allerdings muß man sich darüber im Klaren sein, daß auch der Stafford eine Fülle an positiven Charaktereigenschaften der früheren Auslese in der Pit verdankt! Sie allein schenkte uns diesen großartigen Hund! Der American Stafford ist ein sehr mutiger Hund, wobei Mut nicht mit Aggression verwechselt werden darf! Im Gegenteil ist echter Mut Gelassenheit, bedrohlich wirkende Situationen richtig einzuschätzen und angemessen zu reagieren. Der Stafford besitzt eine besonders hohe Reizschwelle, läßt sich kaum aus der Ruhe bringen, was ihn zu einem äußerst angenehmen Begleiter macht. Der eigenständige Kampf formte einen Hund, der in der Lage ist, Entscheidungen unab hängig vom Menschen zu treffen, ja, der über eine hohe Intelligenz verfügt. Er ist in der Lage, zwischen echter und vermeintlicher Bedrohung zu unterscheiden, benötigt keine besondere Ausbildung, um seinen Menschen zu schützen.

Seine Hartnäckigkeit macht allerdings seine Erziehung nicht immer leicht, was aber keineswegs bedeutet, daß er nicht zu erziehen ist. Gleichzeitig mit der Angriffslust gegen Artgenossen forderte die Pit einen Hund, der dem Menschen gegenüber absolut freundlich ist, schließlich mußten die Tiere während des Kampfes immer wieder mit bloßer Hand getrennt werden. Gegenüber Menschen aggressive Hunde wurden ohne Ausnahme aus der Zucht genommen. So kommt es, daß ausgerechnet dieser Kampfhund der menschenfreundlichste Hund ist. Der Standard des Stafford fordert den ausgeglichenen Hund, der eine deutlich bessere Ausbildungseignung hat als andere Terrier.

Anatomisch soll er ebenfalls ausgeglichen zwischen Bulldog und Terrier stehen. Vom Terrier soll er den kräftigen, kurzen Rükken, gerade Läufe, eng anliegende Ellbogen und gut aufgeknöchelte Pfoten haben, ebenso ein perfektes Scherengebiß und gute Wendigkeit. Vom Bulldog bekam er das Rosenohr (sofern es nicht bis auf kleine Stummel abgefetzt wird), tiefe und breite Brust, einen kräftigen Schädel mit starken Kiefern und eine ausgeprägte Muskulatur.

So jedenfalls sollte es im Idealfall sein. Tatsächlich hat die Rasse noch immer mit den negativen Merkmalen beider Rassen zu kämpfen oder die einzelnen Hunde kommen zu sehr auf eine der Ausgangsrassen. Da ist der Bulldog-Typ mit Gewichten bis zu 45 kg, ausdrehenden Ellbogen, Vorbiß, Spreizpfoten und grober Anatomie. Auf der anderen Seite steht der Terrier-Typ, der im Gewicht bei etwa 25 kg liegt, mit langem, schmalem Fang, Stehohren, insgesamt zu leichtem Knochenbau und zu schmaler, enger Brust. Zu meinem Bedauern gewinnt der optisch beeindruckendere Bulldog-Typ immer mehr Freunde, trotz aller gesundheitlichen Risiken. Dabei ist es doch gerade die Ausgewogenheit und Eleganz, die den einmaligen Zauber des Staffords ausmacht. Der Stafford ist ein Terrier und muß es bleiben! Wir brauchen keine zweite Englische Bulldogge!

Kapitel Zwei

DER RASSE-STANDARD

Was ist ein Standard?

Originalstandard USA

FCI Standard mit Erläuterungen
und Illustrationen

Ch. Little Reb. 1993 Bester American Stafford auf dem Kontinent.
Foto: Olaf Dülberg

WAS IST EIN STANDARD?

Die Ausführungen zum Standard einer Rasse sind eine recht trockene Lektüre, wie ich aus eigener Erfahrung weiß. Aber gerade im Hinblick auf die momentane Entwicklung sollten Sie sich die Zeit nehmen, dieses Kapitel genau zu lesen. Nachstehend wird der ideale American Staffordshire beschrieben, sowohl anatomisch wie charakterlich. Daß es ihn tatsächlich nie geben wird, sondern allenfalls annähernd dem Standard entsprechende Hunde - den fehlerfreien Hund gibt es definitiv nicht - darf nicht dazu verleiten, den Rassestandard nach eigenem Gutdünken auszulegen!

Auch wenn Ihr Stafford niemals zur Zucht oder dem Erringen von Showruhm dienen, sondern - für ihn meist angenehmer - »nur« Familienhund sein soll, wird der Standard Ihnen viel Wissenswertes vermitteln und so manche »Makke« Ihres Lieblings verständlicher machen.

Der Originalstandard einer Rasse wird immer im Mutterland der Rasse festgelegt. Für unseren Stafford heißt das, daß der American Kennel Club als Dachverband in den USA den Standard, der für den American Staffordshire vom American Staffordshire Terrier Club (ASTC) aufgestellt wurde, anerkannt hat. Dieser Originalstandard wurde in die deutsche Sprache übersetzt und vom Verband für das deutsche Hundewesen (VDH) unter der Obhut der Fédération Cynologique Internationale (FCI) anerkannt.

Der Stafford ist mit zur Zeit fast genau 60 Jahren eine sehr junge Rasse. Um so mehr sollten die Züchter und Richter auf die möglichst genaue Einhaltung der Standardforderungen achten! Und nun viel Spaß bei der Beschreibung des idealen Rassevertreters!

ORIGINALSTANDARD USA

Offizieller Standard für den American Staffordshire Terrier (Entnommen aus dem AKC »The complete Dog Book« 18. Ausgabe 1992)

GENERAL APPEARANCE - **The American Staffordshire Terrier should give the impression of great strength for his size, a well-put-together dog, muscular, but agile and graceful, keenly alive to his surroundings. He should be stocky, not long-legged or racy in outline. His courage is proverbial.**

HEAD - **Medium length, deep through, broad skull, very pronounced cheek muscles, distinct stop, and ears are set high.**

EARS - **Cropped or uncropped, the latter preferred. Uncropped ears should be short and held half rose or prick. Full drop to be penalized.**

EYES - **Dark and round, low down in skull and set far apart. No pink eyelids.**

MUZZLE - **Medium length, rounded on upper side to fall away abruptly below eyes. Jaws well defined. Underjaw to be strong and have biting power. Lips close and even, no looseness. Upper teeth to meet tightly outside lower teeth in front. Nose definitely black.**

NECK - **Heavy, slightly arched, tapering from shoulders to back of skull. No looseness of skin. Medium length.**

SHOULDERS - **Strong and muscular with blades wide and sloping.**

BACK - Fairly short. Slight sloping from withers to rump with gentle short slope at rump to base of tail. Loins slightly tucked.

BODY - Well-sprung ribs, deep in rear. All ribs close together. Forelegs set rather wide apart to permit chest development. Chest deep and broad.

TAIL - Short in comparison to size, low set, tapering to a fine point; not curled or held over back. Not docked.

LEGS - The front legs should be straight, large or round bones, pastern upright. No resemblance of bend in front. Hindquarters well-muscled, let down at hocks, turning neither in nor out. Feet of moderate size, well-arched and compact. Gait must be springy but without roll or pace.

COAT - Short, close, stiff to the touch, and glossy.

COLOR - Any color, solid, parti, or patched is permissible, but all white, more than 80 percent white, black and tan, and liver not to be encouraged.

SIZE - Height and weight should be in proportion. A height of about 18 to 19 inches at shoulders for the male and 17 to 18 inches for the female is to be considered preferable.

FAULTS - Faults to be penalized are: Dudley nose, light or pink eyes, tail too long or badly carried, undershot or overshot mouths.

Approved June 10, 1936

FCI STANDARD MIT ERLÄUTERUNGEN UND ILLUSTRATIONEN

ALLGEMEINES ERSCHEI-NUNGSBILD - Der American Staffordshire Terrier sollte für seine Größe den Eindruck von großer Stärke vermitteln . Er sollte ein solide gebauter Hund sein, der muskulös, aber beweglich und gefällig wirkt. Er zeigt ein großes Interesse an allem, was in seiner Nähe vor sich geht. Er sollte untersetzt und gedrungen sein, nicht langbeinig oder leicht gebaut sein. Sein Mut ist sprichwörtlich.

Erläuterungen:

In dieser Eröffnung wird einem der erste Eindruck vermittelt, den der American Stafford auf seinen Betrachter macht. Nämlich den eines gut proportionierten, eleganten Hundes, der dennoch über viel Kraft verfügt und das deutlich durch seinen stämmigen Körper zeigt.

Gewünscht wird auch ein reges Interesse an seiner Umwelt, Aufgeschlossenheit und der sprichwörtliche Mut.

Mut bedeutet keinesfalls Angriffslust! Im Gegenteil hat ein mutiger Hund die Gelassenheit, bedrohlich wirkende Situationen richtig einzuschätzen, ohne überzureagieren.

Wenn die Situation es erfordert, wird der Stafford allerdings konsequent angreifen. Niemals aber wird ein gut erzogener und wesensfester Staff ohne Grund zum Angriff übergehen!

Typisches Staffordwesen. „Mut bedeutet keinesfalls Angriffslust!"
Foto: Olaf Dülberg

KOPF - Mittellang, insgesamt kraftvoll, breiter Schädel, sehr ausgeprägte Wangenmuskulatur, ausgeprägter Stop.

Erläuterungen: »Mittellang« darf im Vergleich zu den meisten anderen Hunderassen durchaus als »kurzer Kopf« verstanden werden. Obwohl der Standard keine genaue Angabe zum Aussehen macht, ist der Staffordkopf in der Regel keilförmig mit abgerundetem Fang, sowohl von der Seite wie auch von oben betrachtet. Von vorne dagegen erscheint er beinahe quadratisch mit mehr oder weniger ausgeprägten Wangenmuskeln.

Die Ausprägung der Wangenmuskulatur hängt in erster Linie vom Alter des Hundes ab, »junge Hüpfer« zeigen selten die enorm starken »Apfelbacken« des ausgewachsenen Staffs. Im Gesamtverhältnis ist der Fang relativ kurz, das 1/3 Fang zu 2/3 Oberkopf-Verhältnis des englischen Vetters, des Staffordshire Bull Terriers, wird aber meist nicht erreicht. Die - bevorzugt unkupierten! - Ohren sind hoch angesetzt.

Auch mit natürlich getragenem Ohr können Staffords traumschön sein. Tough Guy's Hillbilly, 18 Monate. Foto: Gerald Pötz

Abb. 1: Kopf
Richtiger Kopftyp mit kurzem
kräftigem Fang.

Abb. 2: Körperbau: Substanzvoller, gut aufgebauter Rüde.

Abb. 3: Körperproportionen

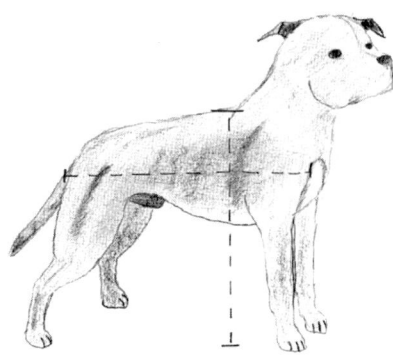

a) - *ausgewogener Typ*
    - *etwa gleich lang wie hoch*
    - *Laufknochen etwas länger*
      als Brusttiefe

b) - *Terriertyp*
    - *zu kurzer Rücken*
    - *steile Schulter und Knie-*
      winkelung
    - *hochbeinig*
    - *hoch angesetzter »gaytail«*
    - *kleine, dreieckige Augen*

c) - *Bulldogtyp*
    - *grob und schwer*
    - *schweres, großes Ohr*
    - *zu kurze Laufknochen*
    - *ausdrehende Ellbogen*
    - *langer Rücken*
    - *grobe Front*

Es muß nicht immer ein Sofa sein!   Foto: Thomas Lemke

OHREN - Hoch angesetzt, kupiert oder unkupiert. Unkupierte Ohren sind zu bevorzugen. Unkupierte Ohren sollten kurz sein und entweder als halbaufgerichtetes Rosenohr oder als Stehohr getragen werden. Hängeohren sind zu bestrafen.

Erläuterungen: Der Standard wird leider noch immer bezüglich der Ohren **falsch übersetzt**. Es gibt kein halbes Rosenohr und Stehohren sind beim Stafford fehlerhaft! Richtig muß es heißen: »Unkupierte Ohren sollten kurz sein und entweder als Rosenohr oder als halb aufgerichtetes Stehohr getragen werden«. Das halbe Stehohr kippt auf halber Höhe nach vorn oder leicht seitlich um. Ansonsten werden sowohl der Standard wie auch das Tierschutzgesetz wohl in keinem Punkt so sehr mißachtet! Das unkupierte Ohr sollte ganz eindeutig zu bevorzugen sein! Das Kupieren der Ohren ist in Deutschland wie auch in vielen anderen Ländern seit vielen Jahren verboten, trotzdem findet man unter den Siegern von Ausstellungen nur selten einmal einen unkupierten Stafford. Sind die kupierten Hunde etwa alle Auslandsimporte? Angeblich (wer hat das festgelegt?) wirkt ein kupierter Stafford »rassiger«. Wahr ist, daß er gefährlicher aussieht, als die etwas »treu-doof« wirkenden unkupierten Hunde. Aber muß eine Rasse, die derart in Mißkredit geraten ist, auch noch scharf aussehen? Ganz davon abgesehen, daß das Verstümmeln der Ohren

a) verboten
b) standardwidrig und
c) gegen alle verhaltensgerechten Ausdrucksmöglichkeiten des Hundes ist.

Das anzustrebende Rosenohr dagegen ist in der Lage, alle Stimmungen des Hundes auszudrükken, obwohl das natürliche Stehohr ideal wäre.

Das halbaufgerichtete Stehohr ist eher selten, das Schlappohr tritt - wenn überhaupt - beim Bulldog-Typ auf, der naturgemäß schwerere Ohren hat. Schlappohren passen nicht zu dem wie gemeißelt erscheinenden Staffordkopf, zerstören den Typ.

Abb. 4: Ohrenhaltung

I. Korrekte Stellungen der Ohren

Rosenohr   *Halb aufrechtes Stehohr*

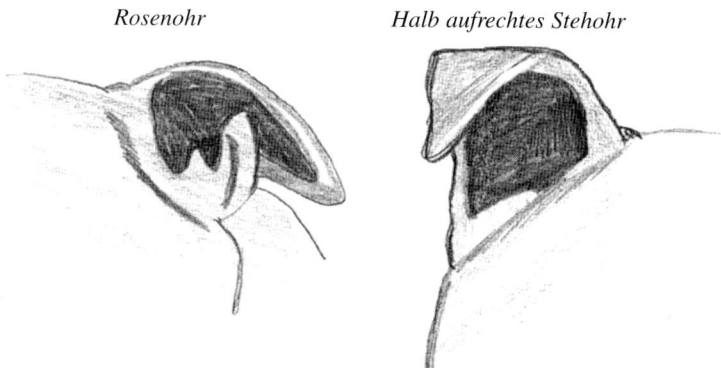

II. Fehlerhafte Ohrstellungen

Schlappohr   *natürliches Stehohr*
(hier beim aufmerksamen Hund)

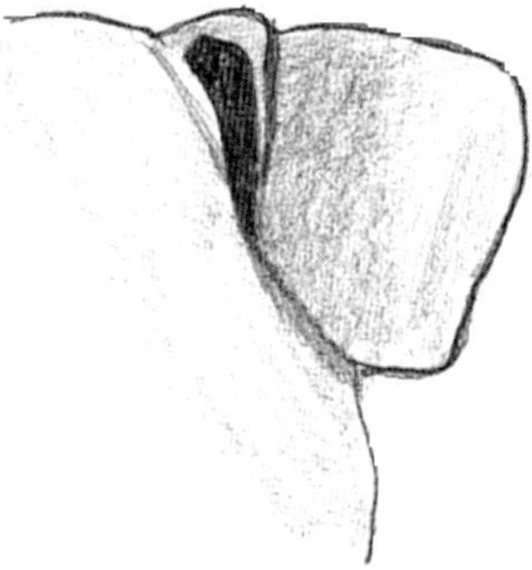

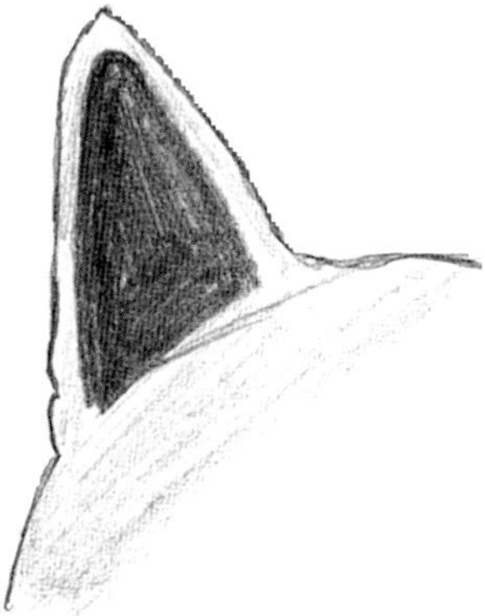

Kupiertes Ohr

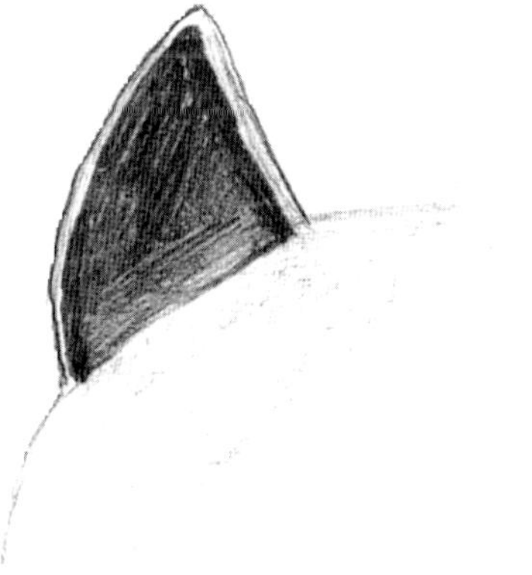

Ein Hund, wie ihn sicher jeder wünscht.   Foto: Olaf Dülberg

AUGEN - Dunkel und rund, gut tief im Schädel gebettet und weit voneinander liegend. Die Augenlider müssen pigmentiert sein.

Erläuterungen: Die Augen des Staffords prägen schon seinen typischen, intelligenten Ausdruck. Leider gibt es auch hier wieder die beiden Extreme - der Bulldog-Typ mit oftmals vorstehenden Augen und den Terrier-Typ mit etwas dreieckigen Schlitzaugen. Prinzipiell sollten die Augen möglichst dunkel sein, aber geringe Anpassungen an helle Fellfarben werden meist toleriert. Ein zu helles Auge stört jedoch, genauso wie zu eng beieinander liegende oder schräg eingesetzte Augen. Für den typischen Ausdruck ist das korrekte Auge unerläßlich.

FANG / GEBISS - Fang von mittlerer Länge, auf der Oberseite gut abgerundet, unterhalb der Augen abrupt abfallend. Gut abgezeichnete Kiefer. Unterkiefer muß stark sein und Beißkraft ha- **ben. Lefzen anliegend und geschlossen, nicht lose. Die obere Schneidezahnreihe greift ohne Zwischenraum über die untere (Scherengebiß). Nase ausschließlich schwarz.**

Erläuterungen: Der Fang des Stafford ist eher kurz, das Verhältnis zum Oberkopf beträgt etwa 1/3 zu 2/3, wobei diese Idealform nicht allzu häufig vorkommt. Leider geht sie oft mit dem fehlerhaften Vorbiß einher, ein Erbe des Bulldog. Der Unterkiefer ist außerordentlich kräftig, erinnert von unten gesehen an ein »Haifisch-Maul«. Als ehemaliger Kampfhund muß der Staff einen kraftvollen und breiten Fang haben, er darf nicht eingeschnürt oder schwach wirken. Ein Schwachpunkt sind häufig die Lefzen, vor allem beim Bulldog-Typ. Er zeigt oft eine zu reiche, lose Belefzung, die am gut gemeißelten Staffordkopf sehr unschön aussieht. Dem gegenüber weisen ausgesprochene Terrier-

Abb. 5: Gebiß

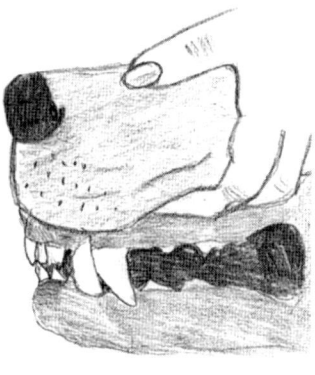

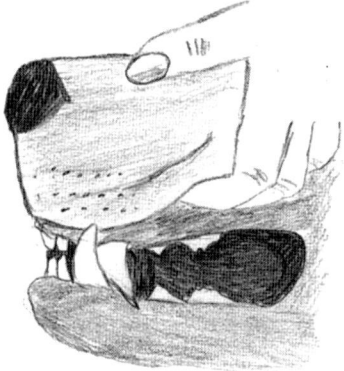

a) Scherengebiß
- korrekte Stellung

b) Zangengebiß

c) Vorbiß

d) Rückbiß

e) Zahnstellung

I 123	Schneidezähne (Incisivi)
C	Eckzähne (Canini)
P 1234	vordere Backenzähne (Prämolaren)
M 123	hintere Backenzähne (Molaren)

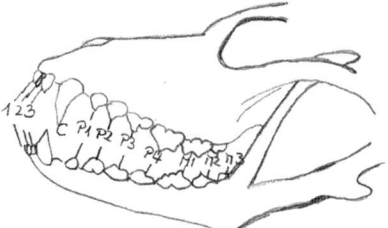

29

Typen manchmal einen langen, schmalen und schwachen Fang auf.

Der Stafford hat ein Scherengebiß, wobei die oberen Schneidezähne schleifend vor die unteren Schneidezähne greifen. Ein Zangengebiß, bei dem die Schneidezähne aufeinander zu stehen kommen, wird meist noch toleriert. Fehlerhaft sind Vorbiß, bei dem die Schneidezähne des Unterkiefers vor denen des Oberkiefers stehen und Rückbiß, bei dem es sich genau umgekehrt verhält. Zudem führt der Rückbiß oft zu schmerzhaften Entzündungen, weil die unteren Schneidezähne eine Furche in den Gaumen beissen, oder, wenn er mit einem schmalen Unterkiefer einhergeht, die Eckzähne tiefe Löcher im Gaumen verursachen.

Der Nasenschwamm des Stafford muß schwarz sein, keinesfalls darf er leberfarben oder rosa (rednose, beim American Pit Bull ein Wahrzeichen einer berühmten Linie) sein. Bei Welpen färbt sich der Nasenschwamm allerdings oft erst nach einigen Lebenswochen völlig durch.

HALS - Schwer, leicht gebogen, sich von den Schultern zum Genick leicht verjüngend. Keine lose Haut. Von mittlerer Länge.

Erläuterungen: Der korrekte Hals wird leider oft vernachlässigt, dabei ist er sowohl für den harmonischen Gesamteindruck wie auch für den schwungvollen Trab sehr wichtig. Beim Pferd sagt man, daß der Hals die Balancierstange des Körpers sei und auch beim Hund bewegen sich Tiere mit kurzem, plumpen Hals nicht sehr schön. Breit und gut bemuskelt, von den Schultern ausgehend elegant und leicht gerundet, geht der Hals über bis hin zu seiner schmalsten Stelle direkt am Hinterhauptbein. Er wird leicht aufwärts gewölbt getragen, darf aber nie unnatürlich aufgesetzt wirken (Hirschhals). Der Standard beschreibt einen Hals von mittlerer Länge, viele Staffords besitzen aber leider regelrechte »Stiernakken«. Die Haut muß straff anliegen, darf keine Wamme bilden. Wenn ein gut bemuskelter Stafford sich in einen freischwingenden Ast verbeißt, ist es fast unmöglich, ihn im Nacken zu fassen, ganz einfach, weil man nichts zum greifen in die Hand bekommt. Ganz sicher ein Aspekt, der für einen Kampfhund von Vorteil war!

SCHULTERN - Kräftig und muskulös mit weiten, schrägliegenden Schulterblättern.

Erläuterungen: Die korrekte Schulter ist gut nach hinten gelagert, mit schrägem Schulterblatt. Eine gedachte Gerade, unten an das Schulterblatt angelegt, würde den Rücken in der Mitte oder sogar noch dahinter kreuzen (s. Zeichnung 7 a). Ist die Schulter zu steil, wird ein raumgreifender Trab verhindert. Das Schulterblatt soll möglichst lang, breit und stark bemuskelt sein, zu muskelbepackte Schultern wirken jedoch überladen. Die Schulterblätter sind weit voneinander entfernt, man sagt, daß man etwa eine flache Hand zwischen sie legen können soll. Das bedeutet in der Praxis, daß etwa 8 - 15 cm Abstand bestehen sollte.

RÜCKEN - Ziemlich kurz, vom Widerrist zur Kruppe leicht abfallend. Kruppe zum Rutenansatz leicht schräg und kurz. Lendenpartie leicht aufgezogen.

Erläuterungen: Der richtige Rücken des Staffords ist ziemlich kurz, fest und stark muskulös. Der Staff ist aber nicht so quadratisch gebaut wie etwa der Boxer, sondern ist meist wenige Zentimeter länger als hoch. Der Rücken darf

13 Monate alter Jungrüde „Kuddel", natürliches Ohr, perfekte Front.
Foto: Olaf Dülberg

weder zu kurz sein, weil er dann nicht mehr den geforderten raumgreifenden Trab ermöglicht, noch zu lang. Ein langer Rücken führt häufig zu einer schaukelnden Bewegung, manchmal verursacht durch schlaffe Sehnen und Bänder. Er stört zudem die harmonischen Proportionen.

Der Stafford hat eine leicht (!) abfallende Rückenlinie, die sich über der Lende durch besonders starke Bemuskelung etwas aufwölbt. Zur Rute hin fällt die Kruppe leicht schräg ab. Von oben betrachtet verläuft der gesamte Rücken V-förmig, mit breiter Schulterpartie und sich verjüngender Taille. Leider treten häufig sowohl Senkrücken wie auch ein Knick hinter dem Widerrist auf. Beides ist fehlerhaft.

KÖRPER - Gut gewölbte, weit nach hinten reichende und gut geschlossene Rippen. Vorderläufe ziemlich weit auseinander, um eine gute Brustausbildung zu ermöglichen. Brust breit und tief.

Erläuterungen: Unser Stafford hat einen ausgeprägten, tiefen Brustkorb mit gut gerundeten Rippen, der bis zu den Ellbogen reicht. Ebenso reicht er weit nach hinten, so daß der Abstand zwischen der letzten Rippe und dem Oberschenkel nicht zu groß sein darf. Die Vorderläufe sollen zwar relativ weit auseinander stehen, jedoch ist mehr nicht immer auch besser! Auch die Front muß ausgewogen sein, darf nicht übertrieben breit sein. Staffs mit zu breiter und tonnenförmiger Brust wirken grob. Ihnen fehlt die Eleganz der Rasse. Eine gut aufgewölbte und breite Brust ist sicher wichtig, um Herz und Lunge ausreichend Raum zu geben, weitaus wichtiger ist jedoch die Tiefe der Brust! Wer das nicht glauben mag, sehe sich einmal Windhunde mit ihrer sehr schmalen Front, aber tief hinabreichender Brust an! Daß bei ihnen Herz und Lunge sehr gut entwickelt sind, ist kein Geheimnis.

Insgesamt sollte der Staff eine ausgeprägte, kräftige aber nicht zu breite Front mit eng anliegenden Ellbogen aufweisen. Die Läufe müssen von der Seite wie von vorne gesehen kerzengerade sein. Der gesamte Körper ist stark, kräftig, kompakt und substanzvoll, wobei Substanz nicht mit Fett verwechselt werden darf! Staffs in guter Kondition sind »trocken«, ihre Rippen schimmern durch das Fell, sie haben kein Gramm Fett zuviel am Körper. Aber auch hier muß vor Übertreibungen, vor allem bei Hunden, die sich noch im Wachstum befinden, gewarnt werden. Staffs, deren Wirbel und Hüfthöcker deutlich hervortreten, sind nicht trocken, sondern schlicht unterernährt!

RUTE - Im Verhältnis zum Körper kurz, tief angesetzt und zu einer feinen Spitze auslaufend; nicht geringelt oder über dem Rücken getragen. Unkupiert.

Erläuterungen: Die Rute bildet die Verlängerung der Wirbelsäule des Hundes, als solche muß sie kräftig sein und darf keinen Knick aufweisen. Im Idealfall endet sie direkt am Sprunggelenk. Korrekt wird sie tief mit leichter Aufwärtskrümmung im letzten Drittel getragen. Weit verbreitet ist beim Staff die »fröhliche« Rute, die hoch über der Rückenlinie getragen wird, ein Erbe des Terriers. Sie ist fehlerhaft. Kein Fehler, sondern ganz normal ist es, wenn Staffs in Erregung die Rute steil über dem Rücken aufrichten. Welpen besitzen fast alle diesen »gay tail«, die fröhliche Rute. Mit zunehmendem Alter verliert sich das in aller Regel.

LÄUFE - Die Vorderläufe sollten gerade sein und starke runde

Kuddel mit Katze und Labrador bei der Siesta.   Foto: Olaf Dülberg

Knochen aufweisen. Gerader Vordermittelfuß. Vorhand gerade, nicht gebogen. Hinterläufe stark bemuskelt, tiefstehendes Sprunggelenk, weder ein- noch auswärts gedreht. Mittelgroße Pfoten, gut gewölbt und kompakt. Das Gangwerk muß federnd sein, nicht rollend und kein Paßgang.

Erläuterungen: Die Standardforderungen sind konkret, in der Realität aber selten erfüllt. Es kommen häufig mehr oder weniger stark ausgeprägt nach außen gedrehte Oberarme mit einwärts gerichteten Pfoten vor, ein Erbe des Bulldogs. Andererseits ist der schwache Vordermittelfuß ein häufiger Fehler. Hier steht nicht der gesamte Vorderlauf gerade, das Vorderfußwurzelgelenk bildet einen Scheitelpunkt für einen Winkel zwischen Unterarm und Handknochen. Die Läufe des Stafford müssen wirklich von allen Seiten gerade sein.

Die Pfoten sollen mittelgroß mit kräftigen Ballen sein, um den federnden Gang zu ermöglichen. Die Zehen sind gut aufgeknöchelt (Katzenpfoten). Der Oberschenkel ist mit sehr stark ausgeprägten Muskeln bedeckt, die sich deutlich abzeichnen. Die Hinterhand steht ebenfalls gerade, eine gedachte Gerade würde mitten durch Hüft-, Knie- und Sprunggelenk gehen.

Das Knie ist gut gewinkelt, dieser Winkel ist etwa zwischen dem steilen Knie des Chow Chow und dem beinahe rechen Winkel des Deutschen Schäferhundes angesiedelt. Dieses mäßig gewinkelte Knie ermöglicht einen guten Schub aus der Hinterhand und ermüdungsfreies Traben.

Beim Terrier-Typ kommt häufig ein steiles Knie mit dem typischen

Abb. 6: Front

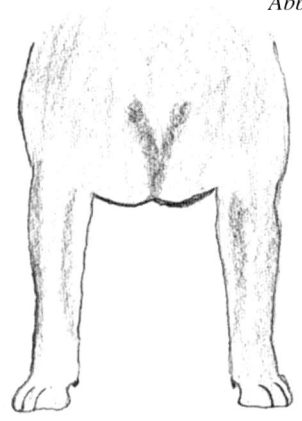
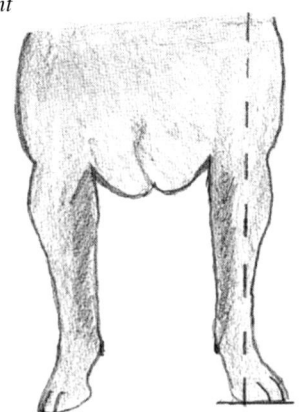

*a) Typische Front
des Bulldog-Typs*

*b) Grobe Front mit
auswärts gestellten Pfoten*

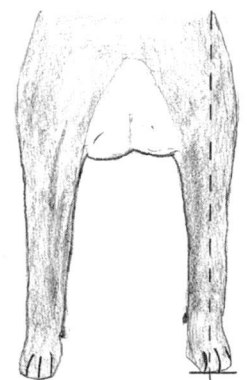

c) Gute Front mit geraden Läufen

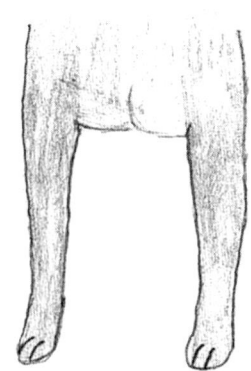
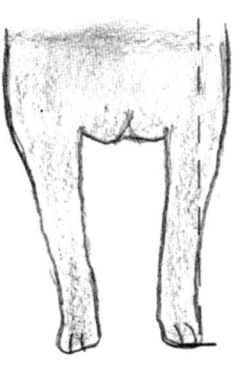

d) Typische Front des Terrier-Typs

e) schmale Front

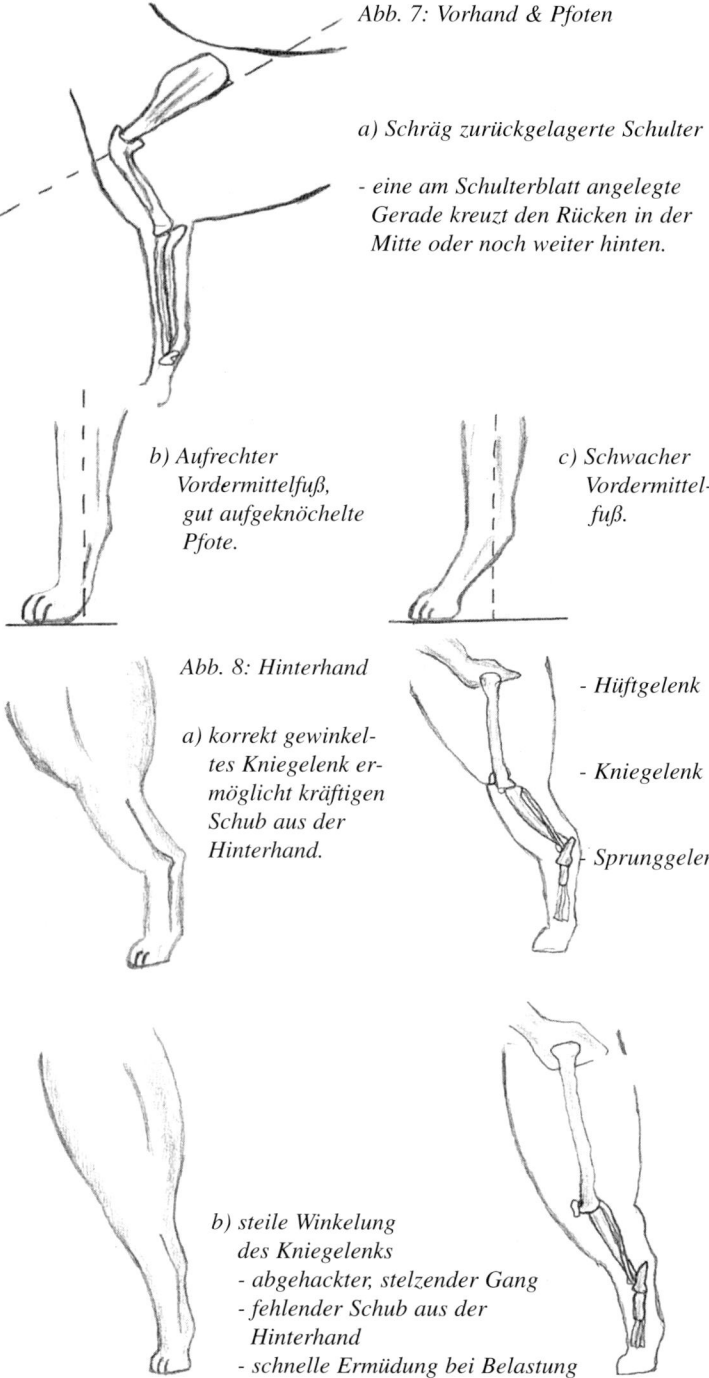

Abb. 7: Vorhand & Pfoten

a) Schräg zurückgelagerte Schulter

- eine am Schulterblatt angelegte Gerade kreuzt den Rücken in der Mitte oder noch weiter hinten.

b) Aufrechter Vordermittelfuß, gut aufgeknöchelte Pfote.

c) Schwacher Vordermittel- fuß.

Abb. 8: Hinterhand

a) korrekt gewinkel- tes Kniegelenk er- möglicht kräftigen Schub aus der Hinterhand.

- Hüftgelenk

- Kniegelenk

- Sprunggelenk

b) steile Winkelung des Kniegelenks
   - abgehackter, stelzender Gang
   - fehlender Schub aus der Hinterhand
   - schnelle Ermüdung bei Belastung

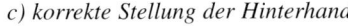

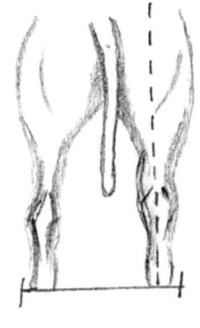

c) korrekte Stellung der Hinterhand

eine gedachte Gerade führt vom Hüftgelenk ausgehend mitten durch Kniegelenk und Sprunggelenk.

d) kuhhessige Stellung (zehenweit)

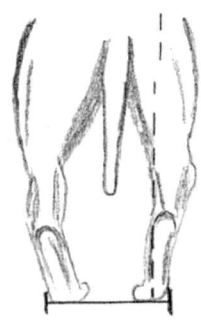

e) faßbeinige Stellung (zeheneng)

stelzenden Gang vor, ihm fehlt der Schub. Das Sprunggelenk sollte möglichst tief liegen und ebenfalls einen mäßigen Winkel zwischen Unterschenkel und Fersenbein bilden. Die Knochen der Läufe sind sehr kräftig, müssen den starken Körper tragen können und zu ihm passen. Obwohl auf den ersten Blick die Hinterhand wuchtiger erscheint, sind tatsächlich die Knochen der Vorderläufe im Umfang deutlich stärker. Der Trab des Staffs ist schwungvoll, federnd und elegant. Er darf niemals schaukelnd oder rollend sein, was meist von einem losen Rücken oder von fehlerhafter Stellung der Läufe herrührt. Auch der Paßgang, der typische, kräftesparende Gang der Kamele, bei dem die Läufe einer Körperhälfte jeweils gleichzeitig bewegt werden, ist fehlerhaft.

Durch zu starkes Ausrichten der

Zucht auf den Bulldog-Typ geht der elegante Trab mehr und mehr verloren. Aber auch der stelzende Gang vieler Terrier-Typen hat nichts mehr mit dem korrekten Trab, der fast an den eines Dressurpferdes erinnert, gemeinsam.

HAARKLEID - Kurz, dicht, soll sich steif anfühlen, glänzend.

Erläuterungen: Der Stafford ist ein angenehm kurzhaariger, wenig pflegeintensiver Hund, dessen harsches, festes Fell (nicht drahtig!) ausreichenden Schutz gewährt. Das Fell glänzt in der Regel und liegt glatt an. Hin und wieder auftretendes samtartiges Fell einiger Staffs ist fehlerhaft.

FARBE - Jede Farbe, einfarbig, mehrfarbig oder gefleckt ist zulässig, jedoch soll einfarbig Weiß, mehr als 80 % Weiß, Schwarz mit Brand und Leberfarben nicht gefördert werden.

Erläuterungen: Ein gutes Pferd hat keine schlechte Farbe. - Diese alte Züchterregel aus der Vollblutzucht ist ohne weiteres auf den Stafford zu übertragen. Von einfarbigen Hunden in allen denkbaren Farben und Schattierungen, mit oder ohne Abzeichen über gestromte (brindle) Tiere in allen Variationen bis hin zu vorwiegend weißen Staffs mit farbigen Abzeichen ist für jeden Geschmack etwas dabei! Wenig erwünscht sind allein rein weiße Staffs, die in sehr seltenen Fällen genetische Veranlagung zur Taubheit in sich tragen könnten, Tiere, deren weißer Farbanteil mehr als 80 Prozent beträgt, leberfarbene sowie black and tan-farbene Staffs. Black and tan ist die typische Farbe eines Rottweilers oder Dobermanns. Mir persönlich ist noch kein American Stafford in diesem Haarkleid begegnet, einmal sah ich aber ein Foto eines englischen Staffords,

der diese Farbe hatte. Ich fand sie eigentlich recht reizvoll. Da sie ein Erbe des alten Black and tan-Terriers ist, der zur Entstehung der Rasse beigetragen haben dürfte, kann ich mir vorstellen, daß immer wieder einmal Welpen mit der Farbe geboren werden.

Eine weniger erwünschte Farbe sollte bei einem ansonsten korrekt gebauten Staff meines Erachtens keine große Rolle spielen. Unabhängig von der Farbe müssen Nasenschwamm, Lider, Lefzen und Krallen durchgehend pigmentiert sein. Aber auch hier werden geringe Anpassungen an die Fellfarbe meist zu Recht toleriert.

GRÖSSE - Größe und Gewicht sollten zueinander in richtiger Proportion stehen. Eine Schulterhöhe von ca. 46 bis 48 cm für die Rüden und 43 bis 46 cm für die Hündinnen ist zu bevorzugen.

Erläuterungen: In kaum einem anderen Punkt wird der Standard so sehr nach eigenem Gutdünken ausgelegt wie bezüglich der Grösse! In den vergangenen Jahren ist der Stafford in Deutschland immer größer und schwerer geworden. Ich lese häufig Zuchtzulassungsberichte verschiedener Vereine, kaum einer der mit »V« bewerteten Hunde lag innerhalb der zu bevorzugenden Grenzen! Bitte verstehen Sie mich nicht falsch, ein vorzüglicher Staff mit einigen Zentimetern Übergröße sollte mit geeigneten Partnern natürlich zur Zucht zugelassen werden. Aber Übergröße sollte beim Stafford die Ausnahme und nicht die Regel sein.

Zum Unterschreiten der gewünschten Größe ist nicht viel zu sagen, da das in der Realität kaum einmal vorkommen dürfte.

Was allerdings das Gewicht der in Deutschland gezüchteten Staffs betrifft, gibt es schon einiges anzumerken! Zwar schreibt der Standard kein Gewichtslimit vor, eine im Prinzip sehr vernünftige Sache. Wenn man die Literatur durchforstet, muß man aber zu der Überzeugung gelangen, daß der Stafford ein Gewicht von etwa 25 bis 35 kg haben sollte. Sollte die derzeitige Entwicklung weiter anhalten, kann es erforderlich werden, daß der Standard vom ASTC in den USA geändert werden muß. Dazu sollte es allerdings nicht kommen, denn dann ist der American Stafford nicht länger der kraftvolle, aber elegante Hund, der er sein sollte.

Vielleicht könnte man sich am Standard der American Dog Breeder Association für den American Pit Bull orientieren, der zwar ebenfalls keine Gewichtsgrenze kennt, aber ein wünschenswertes Gewicht von etwa 20 bis 35 kg angibt. Wenn die den Stafford betreuenden Vereine es auch ungern hören werden, so meine ich doch, daß der American Pit Bull der athletische und dennoch elegante, bewegliche Hund ist, der der Stafford sein sollte.

Zuviel an Gewicht und Masse machen einen Hund unbeweglich und oft auch träge. Einige der vermehrt auftretenden Skeletterkrankungen könnten darin ihre Ursache haben. Es liegt mir fern, Vereinspolitik zu betreiben, dennoch erscheinen mir die Staffs des 1. ASTC e.V. noch am ehesten den Standardforderungen zu entsprechen. Das mag daran liegen, daß dieser Verein verstärkt auf Leistungsfähigkeit hin züchtet. Daß diese ausgerechnet durch den zu Recht bei Kampfhunden umstrittenen Schutzdienst geschieht, ist die bittere Kehrseite der Medaille.

Vielleicht könnte körperliche Gesundheit und Leistungsfähigkeit in Zukunft durch Agility, Brei-

tensport oder Gewichtszieh-Wettbewerbe geprüft werden. Es ist wohl kaum ein Zufall, daß Staffs in den USA, wo »Mannarbeit« eher selten ist, in weight-pulling-Wettbewerben bis zu 2.400 kg zogen, eine schier unglaubliche Leistung! Und diese Staffs hätten in Deutschland viel zu klein und windig gewirkt, wiegen um 25 kg. Durch falsche Standardauslegungen kaputtgezüchtete - kompakte - Rassen, zu denen der Stafford ja zählt, gibt es schon genug. Ersparen wir dieser großartigen Rasse dieses Schicksal und besinnen uns wieder auf den ursprünglichen, beweglichen und ausgewogenen Stafford. Nicht umsonst ist er ein TERRIER!

FEHLER - Alle nachstehenden aufgeführten Punkte sollten als Fehler angesehen und bestraft werden: fleischfarbene Nase, helle Augen und nicht pigmentierte Augenlider, zu lange oder schlecht getragene Rute, Vorbiß oder Rückbiß.

Erläuterungen: Diese Formulierung des Standards ist sehr unglücklich gewählt, denn außer den aufgeführten Fehlern gibt es noch eine Menge anderer! Im Prinzip gilt alles als Fehler, was von den Standardforderungen abweicht, beispielsweise zu steile Winkelung, ausdrehende Ellbogen oder ein zu langer Fang, um nur einige zu nennen.

ANMERKUNG - Rüden sollten zwei offensichtlich normal entwickelte Hoden aufweisen, die sich vollständig im Skrotum befinden.

Hier sind wir nun am Ende des Standards, und mir bleibt hierzu eigentlich nur noch eines zu sagen. Für den Laien ist es oft nicht nachzuvollziehen, wieso ein Staff mit offensichtlichen Fehlern den Ausstellungsring als Sieger verlassen kann.

Als Neuling erkennt man häufig nicht die Vorzüge, die gerade diesen Hund möglicherweise zum verdienten Sieger machen. Fehler suchen und erkennen ist leicht, die Vorzüge eines herausragenden Hundes, die seine Fehler weit übertreffen, sieht man erst dank langjähriger Erfahrung.

Für Sie sollte der eigene Hund sowieso der schönste sein, der klügste und beste. Ich ärgere mich immer wieder, wenn vom zweiten Platz enttäuschte Aussteller ihren Hund wütend aus dem Ring zerren! Das ist nicht nur sehr unsportlich, sondern auch dem Hund gegenüber äußerst unfair. Denn er hat sein Bestes gegeben, blieb gehorsam stehen, ließ sich abtasten und in den Fang sehen. Und dafür verdient er immer ein Lob! Schließlich ist es nicht seine Schuld, daß er an dem Tag nicht zu den Siegern zählt! Vergessen Sie nie, daß auch Richter nur Menschen sind und nehmen das Urteil sportlich. Beim nächsten Mal kommt dann vielleicht Ihre Stunde.

Kapitel Drei

AMERICAN STAFFORD-SHIRE TERRIER FÜR WEN?

Für wen?

Woher?

Welpe oder erwachsener Hund?

Die Auswahl

Odin, Nothilfe-Stafford, 4 Monate.
Foto: M. Steinhagen und S. Dettmann

FÜR WEN?

Daß Sie entweder schon stolzer Besitzer eines Staffords sind oder es werden wollen, beweist, daß Sie dieses Buch gekauft haben. Und das spricht für Sie! Viel zu viele Hunde dieser Rasse wurden schon ohne ausreichende Informationen gekauft und meist schnell wieder verkauft, weil Herrchen / Frauchen mit ihrem dickköpfigen Rüpel nicht länger fertig wurden. Tierheimpersonal und auf die Rettung von Kampfhunden spezialisierte Vereinigungen wie etwa die Bullterrier Nothilfe oder Bulli in Not können ein Lied davon singen! Jeder Hundekauf muß sorgfältig überlegt werden, schließlich wird der Welpe seinen ihm zustehenden Raum auch in den nächsten 10 oder gar 20 Jahren beanspruchen!

Der Kauf eines Stafford sollte doppelt vorsichtig geprüft werden!

Er ist kein einfacher Hund, ganz sicher kein typischer Anfängerhund, sondern eine Rasse, die immer in der Lage sein mußte - und es auch heute noch ist - eigene Entscheidungen zu treffen, und das auch gegen den Willen ihres Menschen zu tun. Diese Fähigkeit war für die alten Kampfhunde überlebenswichtig, der Stafford besitzt sie in hohem Maße.

Er ist nicht gerade leicht zu erziehen, er wurde nie für die enge Zusammenarbeit mit dem Menschen gezüchtet, sondern mußte immer unabhängig handeln. Allerdings bedeutet das nicht, daß er nicht zu erziehen wäre! Das ist er durchaus! Er stellt jedoch andere Anforderungen an seinen Besitzer als die meisten Rassen. Sein Mensch benötigt einiges mehr an Konsequenz, Geduld und Einfühlungsvermögen als sonst üblich.

Wo beispielsweise ein Deut-

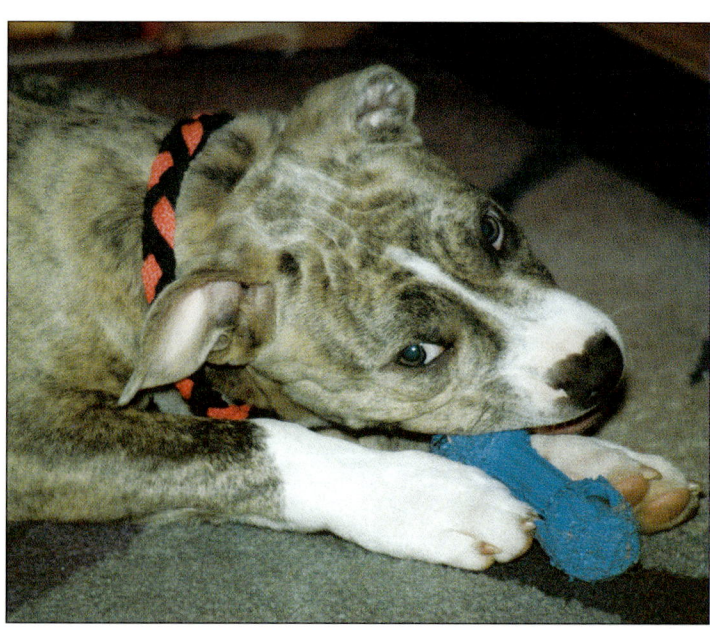

Mein Lieblingsspielzeug!　　　　　　　　*Foto: Corinne Basello*

Beste Freunde! Foto: Corinne Basello

scher Schäferhund eine Inkonsequenz seines Halters großzügig übersieht, wird ein Stafford sie geschickt für sich ausnutzen! Noch dazu sind Staffords unglaublich dickköpfig, der berühmte sture Esel würde wohl vor Neid erblassen! Daher braucht sein Erzieher eine Menge eigene Sturheit, Einfallsreichtum und nicht zuletzt auch viel Humor, da Staffs Kadavergehorsam grundsätzlich ablehnen und ihre Menschen - gern vor grossem Publikum - einmal vorführen!

Viele für die Ausbildung anderer Rassen bewährte Methoden sind beim Staff im besten Fall unbrauchbar oder führen sogar dazu, daß er jegliche Mitarbeit verweigert. Zuviel Druck erzeugt bei ihm zwangsläufig Gegendruck. Und hat er sich erst einmal entschieden,

sich stur zu stellen, ist es fast nicht mehr möglich, ihn vom Gegenteil zu überzeugen.

Wenn Ihnen bei dem Gedanken an schmutzige Pfotenabdrücke auf guter Kleidung oder Hundenasen im Gesicht der kalte Schweiß ausbricht, dann ist der Stafford mit seinem überschäumenden Temperament, das nicht immer zu zügeln ist, ganz sicher nicht der richtige Partner für Sie!

Besonders wichtig aber ist es, daß der Staffordbesitzer in Spe keine »Waffe auf vier Pfoten« besitzen will, sein Selbstbewußtsein nicht durch einen »gefährlichen« Hund aufpolieren muß. Er sollte sich darüber im Klaren sein, daß der Stafford prinzipiell jedermann herzlich willkommen heißt. Ich möchte behaupten, daß meine eigenen Staffs sich sehr über den netten Spielgefährten freuen würden, wenn jemand bei mir einbräche! Das bedeutet nicht, daß sie mich selbst im Ernstfall nicht verteidigen würden, aber die Grundeinstellung der Rasse gegenüber Menschen ist: »Oh, hallo, schön Dich zu sehen!« Ein typischer Wachhund ist er nicht, es soll sogar amerikanische Stafford-Züchter geben, die sich Dobermänner halten, damit die Staffs nicht gestohlen werden!

So sehr der Stafford den Menschen liebt, so sehr haßt er oft Artgenossen oder andere Tiere. Deswegen ist er kein »böser« Hund! Der Haß ist einfach ein Überbleibsel seines ehemaligen Berufes als Kampfhund. Natürlich ist diese Veranlagung durch frühzeitige Sozialisierung und rechtzeitige Erziehung bei den meisten Staffs zu unterdrücken. Es kann Ihnen aber auch passieren, daß ausgerechnet Ihr Stafford zu denen gehört, bei denen dieses Erbe durchbricht und die etwa ab einem Alter von 18 Monaten auf Artgenossen nur noch mit Rauflust reagieren, unabhängig von Alter und Geschlecht des »Gegners«. Das muß nicht zwangsläufig der Fall sein, aber es kann passieren! Ebenso kommt es vor, daß Ihr Staff vorbildlich sozialisiert wurde, aber bei einem Angriff durch einen anderen Hund schlagartig zu dem Kampfhund wird. Er kann nichts dazu! Seine Vergangenheit als Berufskämpfer ist so lange noch nicht her! Es ist Ihre Aufgabe, die Sie sehr ernst nehmen sollten, mäßigend auf ihn einzuwirken!

WOHER?

Wenn Sie mit der Vorstellung leben können, immer etwas wachsamer als andere Hundehalter sein zu müssen, dann stellt sich nun die Frage, woher Sie Ihr zukünftiges Familienmitglied bekommen können. Auf den Platz, den der Hund benötigt, gehe ich nicht näher ein, weil ein Staff, vorausgesetzt er hat genügend Auslauf und Abwechslung, im Haus sehr ruhig ist. Er braucht kein Haus mit Garten, wozu auch noch zu sagen ist, daß ein Garten oft als Alibi für fehlende Spaziergänge mißbraucht wird! Ihr Staff fühlt sich also auch in einer Wohnung sehr wohl, döst am liebsten mit seinem Menschen auf dem Sofa.

Daß Sie Ihr Familienmitglied keinesfalls bei einem Händler oder aus einer Massenzucht erwerben, sollte selbstverständlich sein! Wahrscheinlich bekämen Sie ihn dort billiger und ohne eventuelle Wartezeit, aber glücklich werden Sie mit ihm kaum werden! Ein Welpe, der die ersten wichtigen Lebenswochen in der Box oder einem überfüllten Zwinger eines Händlers verbracht hat, kann keine guten Voraussetzungen für einen angenehmen Familienhund mitbringen! Ihm fehlt die viele Zeit, die seriöse Züchter mit den Welpen verbringen. Besonders gewarnt sei hier vor den vielen osteuropäischen Händlern, die ihre »Ware« zu Schleuderpreisen anbieten! Diese bedauernswerten Welpen sind meist schwerkrank, die »Ahnentafeln« sind das Papier nicht wert, auf dem sie gedruckt sind. Leider spekulieren diese Händler mit Erfolg auf das Mitleid der potentiellen Käufer. Daß man mit dem Erwerb eines solchen Hundes nur Platz für den nächsten schafft, bedenkt man in dem Moment meist nicht. Das sollte man aber! Auch hier bestimmt die Nachfrage das Angebot!

Ein guter Züchter soll es also sein. Nun klingt auch das auf den

Staffords für wen?　　　　　　　　　　*Fotos: G. Rosenauer, A.*

ersten Blick einfacher, als es ist. Leider ist der American Stafford zu einer Art »Modehund« geworden, mit dem sich bei Welpenreisen zwischen DM 1.200,-- und DM 2.000,-- gutes Geld verdienen läßt. Die Suche nach dem richtigen Züchter gestaltet sich oft schwieriger, als die nach der berühmten Nadel im Heuhaufen! Glücklicherweise gibt es einige Anhaltspunkte, und auch auf Ihr Gefühl sollten Sie bei der Besichtigung vor Ort hören. Kommt Ihnen etwas seltsam vor und kann Ihnen der Züchter dieses Gefühl nicht nehmen, ist es besser, vom Kauf Abstand zu nehmen!

Vergessen Sie bitte niemals, daß ein Welpe keine »Sache« ist, die man bei späteren Schwierigkeiten umtauschen kann! Zwar räumen viele Züchter das Recht ein, den Welpen unter Umständen umzutauschen, aber ehrlich gesagt glaube ich nicht, daß man ein liebgewonnenes Lebewesen so einfach gegen ein anderes eintauscht!

Einige Anhaltspunkte für einen guten Züchter sind nachstehend aufgeführt:

- im Idealfall züchtet der Züchter ausschließlich eine Rasse mit einer oder zwei Hündinnen.
- ein sehr gutes Zeichen sind Veteranen mit grauer Schnauze, die bei ihm das Gnadenbrot bekommen und ihren Lebensabend genießen, nachdem sie ihre Pflicht erfüllt haben.
- er stellt seine Hunde erfolgreich auf Ausstellungen aus. Es muß nicht unbedingt der Champion-Titel sein, aber einige gute Ausstellungsergebnisse beweisen, daß er standardgerechte Hunde züchtet.
- ein guter Züchter hat nichts dagegen, wenn Sie ihn - natürlich nach Voranmeldung - mehrmals besuchen, Fragen stellen und die Welpen in den verschiedensten Situationen besichtigen wollen.
- er beantwortet Ihnen nicht nur alle Fragen, er stellt Ihnen auch selbst welche! Schließlich will er wissen, wer die »Eltern« seiner Welpen sind.
- die Welpen wachsen in Haus und Garten auf, sind neugierig, sauber und gut genährt.
- die Mutter der Welpen, im Idealfall auch der Vater, stehen zur Besichtigung, sind Ihnen gegenüber freundlich und selbstbewußt, keinesfalls scheu oder aggressiv.
- ein wirklich guter Züchter wird Ihnen unter Umständen von der Rasse abraten, wenn er den Eindruck gewinnt, daß der Stafford nicht zu Ihnen paßt.

Natürlich gibt es noch weitere wichtige Punkte für *den* Züchter, etwa wenn Sie einen Welpen suchen, der sich ausgewachsen mit einiger Wahrscheinlichkeit für Ausstellungen eignet. Aber in dem Fall kennen Sie sich in der Szene sicher schon gut genug aus, um einen Züchter zu finden, der in Frage kommt. Wir konzentrieren uns hier aber mehr auf den Familienhund.

Und den können Sie außer als Welpe von einem Züchter auch als erwachsenen Staff bei einer der vielen Organisationen erwerben, die sich auf die Rettung von Kampfhunden spezialisiert haben. In dem Fall sollten Sie allerdings schon über einige Erfahrung mit Hunden verfügen, um die Schwierigkeiten, die mit einem solchen »Secondhand-Hund« fast zwangsläufig entstehen, meistern zu können.

In den meisten Fällen wurden diese Nothunde von ihren Erstbesitzern falsch behandelt und erzogen, in den schlimmsten Fällen gar mißhandelt. Aus eigener Erfahrung

Unser Lieblingsspielzeug.

Fotos: Thomas Lemke

weiß ich, daß gerade diese Hunde zu den angenehmsten Begleitern werden können, wenn man es schafft, negative Verhaltensweisen zu ändern und den Hund umzuerziehen. In einigen wenigen Fällen ist eine Umerziehung zu verläßlichen Hunden leider nicht mehr möglich.

Abzuraten ist in der Regel auch von erwachsenen Staffs, die in Zeitungen umständehalber zum Verkauf angeboten werden. Meist kaufen Sie mit ihnen die »Katze im Sack«, da die Vorbesitzer wohl eher selten die wahren Gründe nennen, aus denen sie den Hund abgeben wollen. Bei den Kampfhunde-Nothilfen dagegen werden die Staffs in aller Regel erst dann zur Vermittlung freigegeben, wenn die Pfleger einen umfassenden Eindruck vom Verhalten des Hundes haben.

WELPE ODER ERWACHSENER HUND?

Um sich zu entscheiden, ob man einen Welpen oder einen erwachsenen Staff in die Familie aufnehmen soll, sollte man sich vorab einige Fragen gestellt haben.

Wenn Sie später Ausstellungen besuchen oder züchten wollen, dann halte ich es für erfolgversprechender, sich an einen Züchter zu halten, der mit erst klassigen Tieren züchtet. Es ist zwar

Das gehört mir! *Foto: Corinne Basello*

richtig, daß der vielverspre-
chendste Welpe sich noch ganz
anders entwickeln kann, wirklich
erstklassige Staffs werden Sie bei
einer Nothilfe jedoch kaum finden.
Eine Rolle spielt es meiner
Meinung nach auch, ob Säuglinge
oder Kleinkinder zur Familie
gehören. Trotz aller positiven Erfahrungen mit Notstaffs wäre mir
bei dem Gedanken, ein solches
Tier in einer Familie mit Kleinkindern zu wissen, nicht recht
wohl. Bei Kleinkindern sollten Sie
einen Welpen bevorzugen.

Auf der anderen Seite umgeht
man mit dem Kauf eines erwachsenen Staffs natürlich eine Menge
an »Kinderkrankheiten«, wobei
Krankheit nicht wörtlich zu verstehen ist. Meistens haben die
Hunde spätestens bei der Nothilfe-
organisation eine Grunderziehung
erhalten, negative wie positive We-
sensmerkmale sind offensichtlich.
Das Aussehen des Hundes ist nicht
mehr veränderlich.

Geben Sie sich aber bitte nicht
der Illusion hin, für ein er-
wachsenes Tier benötigten Sie weniger Zeit als für einen Welpen!
Zeit, viel Zeit, brauchen beide in
der Anfangszeit, mehr als Sie
annehmen! Ein Welpe muß von
frühmorgens bis spätabends mindestens alle zwei Stunden zum
Lösen ins Freie gebracht werden,
er muß vier- bis fünfmal täglich gefüttert werden, braucht Gesellschaft und will beschäftigt werden.

Auch der erwachsene Hund muß
erst einmal Vertrauen zu Ihnen fassen, muß Sie als seinen Besitzer
anerkennen. Das geht nicht von
heute auf morgen! Es kann sein,
daß auch er nicht stubenrein ist,
mit Sicherheit benötigt er viel Zeit,
um sich an die neue, ungewohnte
Umgebung zu gewöhnen.

Zwar gewöhnen sich Staffs recht
schnell an einen neuen Besitzer,

die Kampfhunde vergangener Zeiten waren eine nicht zu unterschätzende Kapitalanlage und
mußten sich problemlos verkaufen
lassen. Dennoch braucht jede
Eingewöhnung ihre Zeit. Und
nicht zuletzt werden Sie einen
»fremden« Hund auch wohl kaum
mit der teuren Wohnungseinrich-
tung alleine lassen wollen, oder?

Für die Anfangszeit sollten Sie
sich also in jedem Fall Urlaub nehmen, 3 - 6 Wochen wären ideal,
oder ein Familienmitglied sollte
ganztags zu Hause sein. Ein solcher Urlaub macht sich bezahlt!

DIE AUSWAHL

Haben Sie sich trotz aller Bedenken für einen der zahlreichen
Notstaffs entschieden, sollten Sie
dem bisherigen Betreuer des Hundes möglichst viele Fragen stellen,
die das Verhalten und das Wesen
des Hundes betreffen. Viele unan-
genehme Überraschungen können
so Ihnen - und dem Hund! - erspart
bleiben. Ist er kinderfreundlich?
Hat er eine Abneigung gegen
Männer oder Frauen? Ist er ein
eher zurückhaltender oder ein
dominanter Typ? Diese und viele
weitere Fragen sollten Sie stellen.
Natürlich wird man Ihnen nicht
alles immer beantworten können,
aber ein vorläufiges Bild werden
Sie sich von dem Hund machen
können. Ganz entscheidend ist die
Antwort auf die Frage, aus wel-
chem Grund er abgegeben wurde.
Lautet sie, daß er bei dem Vorbesitzer einen Menschen gebissen
hat, sollten Sie Abstand vom Kauf
nehmen. Es muß zwar nicht unbedingt der Hund schuld gewesen
sein, aber eine Korrektur sollte
Fachleuten überlassen werden. Es
gibt so viele Scheidungswaisen,
Umzugsopfer und ähnliche Schick-

sale, die sehnlichst auf ein neues Zuhause warten und hervorragende Familienhunde sein können!

Egal, ob Welpe oder erwachsener Staff, Sie sollten vor dem Kauf entschieden haben, ob es ein Rüde oder eine Hündin werden soll. Es stimmt zwar nicht unbedingt, daß Rüden immer forsch und Hündinnen eher unterwürfiger sind, aber einem Neuling in der Rasse würde ich dennoch zu einer Hündin raten, da diese meist (!) keinen so ausgeprägten Starrsinn besitzen wie die Rüden. Und auch ihr Drang, sich im Rang nach oben zu arbeiten, ist in der Regel geringer. Ein Rüde, vielleicht noch ein besonders selbstbewußtes Exemplar, kann den Rasseanfänger leicht überfordern.

Wenn Sie schon über Erfahrung mit Hunden verfügen, dann ist es reine Geschmackssache. Der Rüde ist meist kräftiger und unabhängiger, die Hündin zierlicher und verschmuster. Ausnahmen bestätigen die Regel! Die zweimal jährlich auftretende Läufigkeit der Hündin sollte heutzutage keine Rolle mehr spielen, da der Fachhandel Mittel bereithält, mit denen man das austretende Blut sicher auffangen kann. Hygienische Bedenken sind also überflüssig.

Nun stehen Sie vermutlich hilflos inmitten einer Meute von Welpen und fragen sich, welcher es denn am besten sein soll. Drollig und liebenswert sind alle Welpen! Aber woran erkennt man den richtigen? Wenn Sie den Züchter nach den richtigen Anhaltspunkten ausgesucht haben, haben Sie schon den ersten Schritt zum richtigen Welpen getan. Vor zwei Welpen aus jedem Wurf sei an dieser Stelle gewarnt! Weder der Anführer, der Kopfhund, noch die graue Maus, die immer als letzte an den Futternapf darf, sind für den Anfänger die richtige Wahl. Es gibt zwar viele Berichte, daß solche Nachzügler sich zu prima Erwachsenen gemausert haben, die Regel ist das aber kaum. Beide Extreme gehören in die Hand von Fachleuten.

Grundsätzlich sollten alle Welpen ohne Angst oder Unsicherheit den fremden Menschen neugierig untersuchen. Welpen, die Ihnen mit deutlichen Anzeichen von Scheu begegnen, wurden in der entscheidenden Phase vermutlich nicht genügend auf Menschen geprägt. Defizite in der Prägung sind normalerweise später trotz aller Bemühungen nicht mehr auszugleichen! Einen solchen Wurf gilt es zu meiden.

Natürlich kann man das Wesen eines Welpen nicht bei einem einzigen Besuch beurteilen! Vielleicht haben die Welpen bis kurz vor Ihrer Ankunft getobt und sind nun müde, vielleicht ist einer von ihnen auch einfach nur »nicht gut drauf«. Daher sollten Sie den Wurf etwa ab der vierten Lebenswoche der Welpen mehrfach besuchen. Auch kann der Züchter Sie hinsichtlich der Wahl beraten, er kennt seine Pappenheimer schließlich am besten! Der beste Zeitpunkt, den Welpen in seine neue Umgebung zu versetzen, ist sofort nach der 7. Woche. Im Wildhunderudel übernimmt der Rüde ab diesem Zeitpunkt die Erziehung der Welpen, daher sind sie jetzt am ehesten darauf vorbereitet, eine neue Familie als Rudel zu betrachten.

Welpen sollten gut genährt und rundlich sein, die Bäuche dürfen jedoch nicht aufgetrieben wirken (Wurmbefall!). Die Augen müssen klar, das Fell dicht und sauber sein. Kleine haarlose, kreisrunde Stellen legen den Verdacht nahe, daß der Wurf an Demodex-Milben leidet, einer nur sehr langwierig zu behandelnden Autoimmunschwäche, die erblich bedingt ist. Wesen und Gesundheit sind die wichtigsten Voraussetzungen für Ihren Familienhund, erst dann kommt die Forderung nach Schönheit ins Spiel.

Das Gebiß des Welpen sollte die korrekte Scherenstellung aufweisen, Stellungsfehler der Zähne wachsen sich normalerweise nicht aus! Selbst, wenn Sie niemals Ausstellungen besuchen oder züchten wollen, sollten Sie auf das Scherengebiß achten. Schmerzhafte Entzündungen, die entstehen, wenn der Hund sich die unteren Schneidezähne in den Gaumen beißt (Rückbiß) oder sich bei Engstellung des Unterkiefers sogar die Eckzähne in den Gaumen bohren, werden so von vornherein ausgeschlossen.

Insgesamt sollte der Welpe kräftig wirken, starke Knochen besitzen und keine überlangen Läufe haben. Die Rute darf nicht geknickt oder gar geringelt sein. Die Pfoten sind zwar bei allen Welpen recht groß, dürfen aber nicht zu groß und flach sein, sondern schon gut aufgeknöchelt.

Der Kopf erscheint im Verhältnis zum Körper sehr groß und kantig, weist einen kräftigen, kurzen Fang auf und hat hoch angesetzte, kleine Ohren. Der Welpe darf auf keinen Fall zu aufrecht getragene Ohren haben, da diese meist zum Stehohr werden. Ideal sind kleine, zarte Rosenohren oder Knickohren.

Das Fell kann jede zugelassene Farbe haben, dabei ist auf gutes Pigment zu achten. Die Nase darf noch etwas Rosa aufweisen, in der Regel färbt der Nasenschwamm sich mit zunehmendem Alter schwarz. Die Augen sollten rund und möglichst dunkel sein.

So, nun stehen Sie da mit all den guten Ratschlägen, und ausgerechnet der kleine Rote mit den hellen Augen und langen Läufen hat es Ihnen angetan? Wenn er »nur« Familienhund sein soll, ist das sicher kein Grund, ihn nicht zu nehmen.

Selbst wenn Sie eine Ausstellungskarriere anstreben, lange Läufe passen sich während der rund zwei- bis zweieinhalbjährigen Entwicklung des Staffs oft noch an den Körper an. Das endgültige Aussehen des erwachsenen Hundes kann selbst der Fachmann beim Welpen nur sehr schwer beurteilen. Allein Fehler, die die Gesundheit beeinträchtigen können - zum Beispiel Spreizpfoten - die zu schmerzhaften Überdehnungen von Sehnen und Bändern führen können, sollten Sie unbedingt meiden.

Kapitel Vier

DAS LEBEN MIT DEM STAFFORD

Haltung und Erziehung

Fütterung

Der Familienhund

Die Rotphase

Foto: Gerald Pötz

HALTUNG UND ERZIEHUNG

Sie sind jetzt glücklicher Besitzer eines jungen Hundes, der von Ihnen zu einem angenehmen und umweltverträglichen Begleiter geformt werden muß. Eins vorweg und in aller Deutlichkeit! Jeder Hund, gleich welcher Rasse, braucht eine Grunderziehung, als verantwortungsbewußter Halter eines Staffords haben Sie die Pflicht, den etwas eigensinnigen Dickkopf so zu erziehen, daß er weder Mensch noch Tier belästigt oder gar gefährdet und sich problemlos in der Öffentlichkeit mitführen läßt! Man darf nicht noch Wasser auf die Mühlen der Kampfhunde-Gegner gießen!

Zu einer sinnvollen Erziehung gehört das Befolgen der Kommandos »Hier«, »Sitz«, »Platz«, »Bleib«, »Fuß« und »Aus«. Viel wichtiger aber ist die Erziehung zu einem Hund, der sich seiner Umwelt anpaßt und angemessen reagiert. Das kann er nicht von alleine, es wurde ihm nicht in die Wiege gelegt!

Ich vergleiche Welpen gerne mit einem unbeschriebenen Blatt Papier. An Ihnen liegt es, den richtigen Text zu schreiben. Andere bezeichnen einen Welpen quasi als Computer, der vom Menschen programmiert werden muß. Wie man es auch nennen mag, Tatsache ist, daß das Verhalten des erwachsenen Hundes maßgeblich von seiner Erziehung und Sozialisierung als Welpe abhängt. Mit dem Kauf eines Staffords übernehmen Sie die lebenslange Verantwortung für ihn!

An dieser Stelle sei auf die Notwendigkeit einer Haftpflichtversicherung für den Hund hingewiesen! Denken Sie bitte nicht, das sei nicht nötig, weil Ihr Hund nicht bissig wäre! Ihr Junghund braucht beispielsweise nur über eine vielbefahrene Straße laufen, weil auf der anderen Seite etwas sehr Interessantes wartet, und dabei einen LKW, der mit fabrikneuen Fernsehgeräten beladen ist, zum Bremsen zwingen. Der Schaden, der in so einem Fall entstehen kann, geht leicht in die Hunderttausende! Ich kann Ihnen nur raten, nicht am falschen Ende zu sparen! Die rund DM 150,-- jährlich machen sich im Ernstfall vielfach bezahlt.

Leider hat die herrschende Kampfhunde-Hysterie dazu geführt, daß einige Gesellschaften willkürlich gewählte Rassen, zu denen auch der Stafford gehört, von der Versicherung ausschliessen. Dabei müßten gerade sie es besser wissen, führen sie doch Schadensstatistiken, an denen Kampfhunde nur in seltenen Fällen beteiligt sind! Es sollte aber dennoch kein Problem sein, eine Versicherungsgesellschaft zu finden, die nicht diese unsinnige Diskriminierung betreibt.

Durch artgerechte und verantwortungsbewußte Haltung tragen Sie viel dazu bei, daß Sie eine solche Versicherung möglichst nie in Anspruch nehmen müssen. Die richtige Haltung eines Staffords beginnt damit, daß er in gar keinem Fall in einen Zwinger im Garten gehört! Ein Hund, der ein Lebewesen mit hochentwickeltem Sozialverhalten ist, gehört immer in das Haus oder die Wohnung, mitten in sein Rudel. Hunde, die in einem Zwinger langsam aber sicher abstumpfen, reagieren meist aggressiv auf alles Ungewohnte.

Natürlich kann man einen Stafford stundenweise in einem geräumigen Zwinger oder Auslauf halten, das ändert aber nichts daran, daß er in erster Linie ins

Winterfest!

Fotos: Thomas Lemke

Haus gehört. Ein solcher »Erlebniszwinger« muß an den Stafford angepaßt werden. Das bedeutet vor allem, daß er ausbruchsicher sein muß! Staffs sind Terrier und als solche wahre Ausbruchskünstler! Zäune von zwei Meter Höhe sind schon des öfteren von ihnen überwunden worden. Eine Mindesthöhe von 1,80 Metern und ein nach innen gerichteter Überhang sind daher zu empfehlen. Auch sollte der Zaun etwa 40 bis 60 cm in den Boden eingelassen sein, da Staffs gerne buddeln (Terrier!) und sich so schnell nicht erwünschten Auslauf außerhalb des Zwingers verschaffen können. Selbstverständlich muß dem Hund ein warmer, trockener Ruheplatz zur Verfügung stehen, bewährt haben sich Europaletten mit Hartgummiauflage. Ist zudem noch ausreichend Spielzeug vorhanden, kann der Staff sich bei gutem Wetter einige Stunden in dem Zwinger aufhalten. Soll er auch bei schlechter Witterung dort untergebracht werden, was ich ablehne, dann muß er zumindest eine Hütte mit doppelwandigen, isolierten Seiten haben.

Im Haus braucht er ebenfalls einen eigenen Ruheplatz, eine zusammengefaltete, waschbare Decke tut gute Dienste. Ihr Staffi wird einen wenig benutzten Sessel sicherlich vorziehen. Stellen Sie ihm einen alten zur Verfügung und er ist glücklich! Das Höchste ist es für alle Staffs, gemeinsam mit Ihnen auf dem Sofa zu liegen. Aber Achtung! Machen Sie ihm von Anfang an klar, daß das nur auf Ihren ausdrücklichen Wunsch hin erlaubt ist! So manche Rangordnungsfrage ist damit von vornherein geklärt, denn die bevorzugten Ruheplätze (Bett und Sofa) stehen dem Rudelboß zu! Ein warnendes Knurren Ihres Welpen mag

sich noch niedlich anhören, aber bei einem 30 kg schweren ausgewachsenen Staff nimmt sich das nicht mehr drollig aus. Wehret den Anfängen!

Viele Staffordhalter schwören auf sogenannte Kennelboxen, die ursprünglich für den Flugverkehr entwickelt wurden. Noch mehr bewährt haben sich staffordfeste Klappkäfige, da hier eine bessere Luftzirkulation gewährleistet ist. Die Boxen lassen sich leicht auseinandernehmen und leisten auf Reisen im Hotelzimmer gute Dienste. Auch im Haus sind die verschließbaren Käfige sehr nützlich, wenn man einen unternehmungslustigen Junghund für einige Zeit nicht beaufsichtigen kann. Viele Staffs lieben diese Käfige und Boxen geradezu und nehmen sie gerne als Schlafhöhle an.

Völlig ungeeignet für das kräftige Gebiß des Staffs und seinen Hang, alles zu beknabbern, sind Weidenkörbe, die nicht nur schwerlich länger dem Gebiß standhalten, sondern auch böse Verletzungen im Fang verursachen können, wenn spitze Stücke sich in den Kiefer bohren oder zwischen die Zähne klemmen.

Wenn der Welpe nach seiner - bitte nicht zu hektischen - Ankunft im neuen Heim etwas zur Ruhe gekommen ist, stellt er Sie vor das Problem, daß er manchmal »undicht« ist. Einen Welpen zur Stubenreinheit zu erziehen ist entgegen allen anderslautenden Meinungen eine höchst einfache Sache! Nach jedem Füttern, nach jedem Nickerchen und ansonsten etwa alle zwei Stunden führen Sie ihn an einen Ort, an dem er sich auch in Zukunft lösen darf. Auch auf die Gefahr hin, daß Nachbarn Sie für etwas »plemplem« halten, loben Sie ihn nach vollbrachter Tat überschwenglich. Schließlich ist es

Gerade aufgewacht! Sofort in den Garten! Stubenrein!
Foto: Corinne Basello

Gute Nacht! *Foto: Corinne Basello*

ja auch wirklich ein Grund zur Freude, wenn Seen und Häufchen nicht auf dem Wohnzimmerteppich landen! Also loben - loben - loben Sie!

Wenn Sie das konsequent jedesmal beachten, den Welpen wirklich alle zwei Stunden von etwa 6 Uhr morgens bis 24 Uhr abends zum Lösen hinausführen, dürfte eigentlich kein Malheur geschehen. Passiert es aber doch einmal, dann wischen Sie die Bescherung eben kommentarlos weg. Nein! Ich bin bestimmt nicht für antiautoritäre Erziehung, aber in diesem Fall ist es allein Ihre Schuld! Der Welpe und später der Junghund kann seine Blase und den Darm noch nicht kontrollieren.

Die Abstände zwischen den Ausflügen zum Löseplatz werden schrittweise verlängert, der etwa sechs Monate alte Junghund kann nachts ohne Probleme acht Stunden und tagsüber etwa vier bis fünf Stunden aushalten.

Trotzdem müssen alle ausgewachsenen und älteren Hunde, und hier vor allem Rüden, deren Nieren und Blase auf das häufige Absetzen von geringen Mengen Urin eingerichtet ist, möglichst ausgiebig Gelegenheit zum Urinieren auf langen Spaziergängen haben. Viele Nierenprobleme, zu denen Staffs leider neigen, können so vermieden werden.

Nach dieser Methode ist bei mir noch jeder Welpe sicher stubenrein geworden, ohne »Nase in den See drücken« und ähnlichen tierquälerischen Unsinn ohne jeglichen Erziehungseffekt. Vergessen Sie in diesem speziellen Fall jede Strafe, denn Ihr Welpe kann sie definitiv nicht verstehen!

Überhaupt wird Strafe vom Hund nur dann verstanden, wenn er sich darüber im Klaren ist, daß er ein Kommando ausführen sollte.

Dazu muß er dieses Kommando erst einmal erlernen. Es gibt eine Fülle an Ausbildungsmethoden, die meisten sind heutzutage überholt, werden nichtsdestotrotz leider immer noch angewandt. Die erfolgversprechendste und sicherste, an das Lernverhalten des Hundes am besten angepaßte Methode besteht in konsequentem Belohnen des erwünschten Verhaltens und sanfter Korrektur.

Wollen Sie dem Junghund beispielsweise das Hörzeichen »Sitz« beibringen, so sprechen Sie anfangs immer dann »Sitz« aus, wenn der Hund sich zufällig von sich aus hinsetzt. Wenn er sitzt, loben Sie ihn. Später können Sie ihn gezielt zum Hinsetzen bewegen, indem Sie ihm einen Lekkerbissen über den Kopf halten und ihn langsam rückwärts Richtung Hunderute ziehen. Wenn der Hund der Bewegung folgt, setzt er sich zwangsläufig. Auch das belohnen Sie wieder, in diesem Fall durch das Leckerchen. Loben Sie aber immer auch mit der Stimme! Als nächsten Schritt können Sie das »Sitz« verlangen, ohne Leckerchen vorzuhalten. Normalerweise weiß der Hund bereits, was erwartet wird. Sollte das einmal nicht der Fall sein, können Sie ihn durch sanften Druck auf die Kruppe korrigieren. Das Kommando »Sitz« ist erlernt.

Erst jetzt, wenn der Hund ganz genau weiß, was Sie von ihm erwarten, dürfen, ja, müssen Sie strafen, wenn er den Gehorsam verweigert. Und zwar kurz und sofort. Nachtragend sein ist falsch, wird nicht verstanden. Ist die Ausführung des Befehls dann korrekt, folgt sofort wieder Lob.

Besonders pubertierende Junghunde im Alter von etwa acht Monaten und später noch einmal mit rund 18 Monaten testen gerne aus, wie weit sie gehen können, ohne daß ihr Fehlverhalten geahndet wird. Der Blick eines Staffs in dieser Trotzphase scheint tatsächlich so manches Mal die Frage zu stellen: »Meinst Du das denn wirklich ernst?« Bestehen Sie konsequent darauf, daß es ernst gemeint war!

Vielleicht sollte man allen Käufern eines Staffs ein Blatt Papier in die Hand drücken, auf dem das Zauberwort, der Schlüssel zum Erfolg steht: **Konsequenz!**

Und zwar vom ersten Tag an, den der Welpe bei Ihnen verbringt! Entgegen der früheren Ansicht, daß Junghunde ihre Jugend »genießen« sollten und erst mit zwölf Monaten, dann aber mit Zwang erzogen werden müßten, weiß man heute, daß Hunde im Alter zwischen sieben Wochen und einem halben Jahr am lernfähigsten sind. Diese Zeit gilt es zu nutzen. Es ist ganz und gar keine Zauberei, einen sechs Monate alten Junghund zu haben, der alle Elemente der Grunderziehung sicher und freudig beherrscht!

Ein Tip: Da Staffords äußerst dickköpfig sein können, ist es manchmal besser, eine Übung, die überhaupt nicht klappen will, abzubrechen und zu versuchen, auf andere Weise zum Ziel zu gelangen. Mein eigener Rüde wollte beispielsweise das Kommando »Platz« auf gar keinen Fall so lernen, wie alle die Hunde vor ihm, nämlich indem ich den sitzenden Hund durch leichten Zug an der Leine zum Hinlegen bewegte.

Je stärker ich zog, um so mehr stemmte »Gauner« sich gegen die Leine! Heute ist mir klar, daß er sich eher hätte strangulieren lassen, als nachzugeben! Gelernt hat er es ein paar Tage später aber doch. Ich legte ihm einen Leckerbissen so vor die Nase, daß er sich hinlegen mußte, um ihn zu bekommen. Wollte er aufstehen, hinderte ich ihn daran, wirkte sonst aber nicht auf ihn ein. Irgendwann legte er sich hin, ich sagte immer wieder: »Platz, so ist er brav«. Gauner verstand zwar anfangs nicht, warum er gelobt wurde, wenn er sich einen leckeren Happen holte, aber eines Tages hatte er den Zusammenhang zwischen Hinlegen, Lob und dem Kommando verstanden. Es war eine »schwere Geburt«, aber danach hatte er es geschafft! Ohne unnötigen Zwang, der Staffs meistens verbiestert und stur macht.

Diese Methode gehört zum »Instrumental learning«, einem irrtumsfreien Lernen, über das Bücher geschrieben wurden, die Sie in den Literaturempfehlungen finden.

Ein sehr nützliches Kommando, das Ihr Staff auf jeden Fall beherrschen sollte, ist das »Aus«, mit dem Sie einem rebellierenden Junghund eindrucksvoll klarmachen können, wer das Sagen hat. Nehmen Sie schon dem Welpen immer wieder einmal den Kauknochen oder das Lieblingsspielzeug weg während Sie »Aus« befehlen. Sie können es ihm nach kurzer Zeit zurückgeben, die Botschaft »Das ist mein Chef, der mir alles wegnehmen darf«, ist bei ihm angekommen. Sollte er doch einmal warnend knurren oder sogar schnappen, dürfen Sie keine Sekunde zögern, ihn ordentlich durchzuschütteln! Solche Versuche sich aufzulehnen müssen bei dieser Rasse besonders ernst genommen werden. Nicht weil Staffords besonders gefährliche Hunde wären, sondern weil sie sich aufgrund ihres enormen Selbstbewußtseins eher zum Rudelführer aufschwingen wollen als andere Rassen. Solche Rebellionsversuche gehören zu den wenigen Anlässen, die eine etwas härtere Strafe rechtfertigen.

Ein weiterer Grund, notfalls mit Härte zu reagieren, sind Ansätze von übermäßiger Aggression gegenüber Artgenossen. Auch hier gilt es, die Jugendzeit nicht ungenutzt verstreichen zu lassen! Welpe und Junghund müssen laufend Kontakt zu freundlichen Hunden der verschiedensten Rassen und Altersstufen haben. Im Idealfall sollten Sie mit dem Welpen eine Welpenspielgruppe besuchen, wie sie häufig von Hundesportvereinen, Hundeschulen, zuweilen auch Tierärzten angeboten werden. Sie dürfen dabei nicht zimperlich sein, es ist ganz normal, daß Hunde untereinander manchmal ziemlich grob sind. Es kann auch vorkommen, daß ein erwachsener Hund sich Respektlosigkeiten Ihres Welpen knurrend und schnappend verbietet.

Überängstlichen Hundehaltern versuche ich immer zu erklären, daß auch Kinder, bekannterweise sogar Erwachsene, mehr oder weniger heftige Meinungsverschiedenheiten haben. Wieso glauben wir eigentlich, daß das bei Hunden anders ist? Sie haben eben eine andere Art, Auseinandersetzungen zu führen. Solange alles in bestimmten Grenzen bleibt, ist es das Vernünftigste, sich nicht einzumischen.

Leider werden diese Grenzen bei Kampfhunden zuweilen überschritten, um ihr Sozialverhalten ist es nicht besonders gut bestellt. Viele Staffords greifen andere Hunde an, ungeachtet dessen, ob der »Gegner« Rüde, Hündin oder Welpe ist. Das ist ein unnatürliches Verhalten, das aber verständlich wird, wenn man weiß, daß Kampfhunden das natürliche Sozialverhalten systematisch weggezüchtet worden ist, um überhaupt Kämpfe

auf Leben und Tod möglich zu machen. Hunde mit intaktem Sozialverhalten töten sich normalerweise - es gibt wenige Ausnahmen - niemals. Unterwirft sich einer der Kontrahenten, läßt der Überlegene von ihm ab.

Bei vielen Staffords greifen diese natürlichen Mechanismen nicht mehr. Weder zeigen sie die Geste der Unterwerfung, noch erkennen sie diese an. Doch auch hier hat der Mensch es in der Hand, das Problem zu lösen. Einerseits hat der Halter eines Staffords die Pflicht, seinem Hund ausreichend Gelegenheit zu geben, Sozialverhalten von frühester Jugend an zu erlernen, andererseits muß er beim kleinsten Anzeichen von echter (!) Aggression nachhaltig eingreifen. Trotzdem weiß ich aus eigener, bitterer Erfahrung, daß bei einem geringen Prozentsatz von Staffs alle Erziehungsmaßnahmen und auch ausreichende Kontakte zu anderen Hunden nicht helfen und das Erbe der alten Kampfhunde mit dem Erwachsenwerden durchbricht. In dem Fall bleibt Ihnen nichts anderes übrig, als immer wieder mäßigend einzuwirken und Raufereien durch vorausschauendes Verhalten zu vermeiden. Zuweilen wird ständiges An-der-Leine-Führen unerläßlich.

Manchmal passiert es aber doch, daß eine Rauferei ausbricht. Es gibt viele verschiedene Tips und Ratschläge, wie man kämpfende Hunde am besten trennt, für Staffs sind die wenigsten geeignet. Wassereimer, die man über die Hunde schüttet, werden von ihnen genausowenig wahrgenommen wie gebrüllte Kommandos. Schmerzen, die man ihnen etwa durch Schläge zufügt, steigern ihre Kampflust eher noch. Ich kenne eigentlich nur zwei wirklich sichere Methoden, um Kampfhunde zu trennen. Die eine besteht darin, dem Hund durch Knebeln des Halsbandes die Luft abzudrücken, woraufhin er zwangsläufig vom Gegner ablassen muß, die andere ist von den Hundekämpfern abgeguckt. Ich sehe nicht recht ein, wieso man eine gute Sache nicht verwenden darf, nur weil sie für schlechte Zwecke mißbraucht wird. Hundekämpfer trennen ihre Hunde meist mit sogenannten »Breaking-Sticks«, zugespitzten Hölzern aus speziellem Hartholz, die man zwischen die Kiefer steckt und so den Fang »aufhebelt«, wobei das in der Realität weit weniger schlimm ist, als es sich anhört. Ich wünsche Ihnen von ganzem Herzen, daß Sie niemals in die Situation geraten, die eine oder andere Methode anzuwenden. Aber für den Ernstfall ist es gut zu wissen, wie man es machen muß. Zur dritten erfolgreichen Methode braucht man zwei Menschen, die je einen der Hunde oben an den Hinterläufen packen und die Kontrahenten auf Kommando ineinander stossen. Automatisch öffnet das kurz den Fang und die Hunde können getrennt werden.

Zur richtigen Erziehung des Stafford gehört es, ihm von Jugend an die Welt, in der er lebt, zu zeigen. Nehmen Sie den Welpen nach erfolgter Grundimpfung mit zum Einkaufen, fahren Sie mit ihm Bus, Bahn und Auto, bringen Sie ihn in die verschiedensten Situationen. Besuchen Sie mit ihm die Innenstadt, gehen Sie an Orte, an denen viele Menschen zusammen kommen. Gewöhnen Sie ihn an Katzen, Pferde, Schafe, Ziegen, kurz, alles, was er später gelassen akzeptieren soll. Lehren Sie ihn auch, mit Kindern vorsichtig umzugehen.

Staffords und Kinder sind ein Kapitel für sich! Manchmal scheint es mir, als sei der Staff eigens dazu gezüchtet worden, um Kindern ein geduldiger Spielgefährte zu sein, der alles mitmacht. Die meisten Staffs sind geradezu verrückt nach Kindern, lassen sich begeistert drücken und beschmusen. Eher muß man den Hund vor Kindern schützen als umgekehrt! Achten Sie aber darauf, daß Ihr Energiebündel lernt, seine Kraft richtig zu dosieren, Kinder nicht anzuspringen oder anzurempeln. Er ist nun mal ein rechter Wildfang, der unbeabsichtigt schon mal ein Kind umwirft. Daher muß er lernen, vorsichtig zu sein.

So kinderlieb sie eben sind, den richtigen Umgang mit Kindern müssen sie lernen, so wie ein Welpe alles kennenlernen muß, was zu seiner Welt gehört. Und diese ist hoffentlich möglichst bunt! Zwingen Sie den Welpen niemals zu etwas, führen Sie ihn geduldig an Dinge heran, die ihm Angst einflößen. Trösten Sie ihn aber auch nicht! Denn das wird vom Hund als Lob aufgefaßt, und für seine Angst loben wollen Sie ihn doch sicher nicht. Hat er dagegen einmal gemerkt, daß ihm in Ihrer Nähe nichts geschehen kann, wird er auch ungewohnte oder furchteinflößende Situationen gelassen hinnehmen.

Sie sollten auch ein Gefühl dafür entwickeln, wann es für den Welpen zuviel wird. Lieber etwas kürzer und dafür öfter, als einmal zu lange! Es darf nie dazu kommen, daß der Welpe offensichtlich erschöpft ist! Überforderung im Welpenalter, sei sie physisch oder psychisch, kann ernste Folgen haben, die unter Umständen nicht wieder gutzumachen sind.

Vielleicht besitzen Sie den Ehrgeiz, eine der vielen Arten von Hundesport mit Ihrem Staffi zu betreiben. Wenn Sie sich für das Ablegen einer Begleithunde-Prüfung entscheiden, kann ich Ihnen nur dazu raten! Ich denke, daß es keinem Hund schadet, zumindest die Begriffe dieser Prüfung zu beherrschen. Zur Begleithunde-Prüfung gehört ein Unterordnungsteil, der auf dem Hundesportplatz abgenommen wird, und vom Hund das Befolgen der Kommandos wie »Sitz«, »Platz«, »Bleib«, und das »Gehen bei Fuß« mit und ohne Leine und durch eine Gruppe von Menschen verlangt werden. Der zweite Teil der Prüfung wird in der Stadt abgenommen, wo das verkehrssichere Verhalten des Hundes getestet wird, in dem Übungen wie etwa Ablegen unter Ablenkung durch vorbeigeführte Hunde, Verhalten in Menschenansammlungen oder auch das ruhige Verhalten des Hundes, während sein Halter ein Gespräch führt, verlangt werden.

Wenn Sie diese Prüfung zum verkehrssicheren Begleithund mit Ihrem Stafford bestanden haben, überkommt Sie vielleicht die Lust auf mehr, womit wir bei der äusserst umstrittenen Schutzhunde-Ausbildung wären. Die Disziplinen Fährtensuche und Unterordnung sind für den Stafford uneingeschränkt zu empfehlen. Staffs sind oft ausgezeichnete Fährtenhunde, in der Unterordnung häufig sehr schnell und freudig, wobei sie durch ihren Arbeitseifer manchmal kleine Patzer machen, die eben typisch für sie sind. Dagegen ist nichts einzuwenden, und Fährtenhund kann der Staff auch getrennt von den anderen beiden Disziplinen einer Schutzhunde-Prüfung werden, bei der Unterordnung besteht diese Möglichkeit leider nicht, ein Blick nach England und Amerika mit den dort üblichen Obedience-Wettbewerben wäre sicher nicht verkehrt.

Nun aber zum Schutzdienst! Da ich selbst viele Jahre mit Schäferhunden Schutzhunde-Sport betrieben habe, bin ich im Prinzip nicht gegen den Schutzdienst, wenn er mit dafür geeigneten Rassen betrieben wird. Es gibt eine ganze Anzahl von Gebrauchshunderassen, es ist nicht notwendig, ausgerechnet den American Staffordshire zu diesem Sport heranzuziehen. Bei »Kampfhunden« bin ich mittlerweile ganz klar gegen eine Schutzhunde-Ausbildung! Mir ist klar, daß nun viele Halter von Staffs aufschreien werden: »Aber wir machen Schutzdienst, und er ist trotzdem ganz normal!« Für die Mehrzahl der Staffs mag das auch zutreffen.

Bei dieser Rasse besteht aber ganz eindeutig die Gefahr, daß ihre angeborene Veranlagung zum Kampf, die man ihnen wohl kaum absprechen kann, geweckt und gefördert wird, unter Umständen außer Kontrolle gerät. Vergessen wir auch nicht, daß die Ausbildungsmethoden in der Mehrzahl der Vereine auf Rassen zugeschnitten sind, die nicht die Veranlagung des Staffords haben. Tatsache ist, daß schon so mancher Stafford durch das übliche Verabreichen von Stockschlägen während der Kampfhandlung in einen wahren »Kampfrausch« geraten ist. Meiner Erfahrung nach ist die Rasse für den traditionellen Schutzdienst ungeeignet, da die Gefahr, daß der Hund ausser Kontrolle gerät, zu groß ist. Und diejenigen, die ihn zur Zeit trotzdem betreiben, mögen doch bitte ehrlich zu sich selbst sein! Mit welchen Zwangsmitteln muß denn der Stafford zum Auslassen bewegt werden? Ich weiß von Stachelhalsbändern, die fast schon üblich sind und Teletakt-Halsbändern!

Ich sehe auch die Gefahr, daß

„Staffs sind oft ausgezeichnete Fährtenhunde".
Little Shiva und Satana Lady bei der Fährtenarbeit.

Fotos : Olaf Dülberg

Little Shiva mit ihrem unorthodoxen Sprungstil.   *Fotos: Olaf Dülberg*

Little Shiva im Parcours!

Fotos: Olaf Dülberg

Kein Problem für mich!   *Fotos: Olaf Dülberg*

Little Shiva und Satana Lady demonstrieren mustergültigen Gehorsam.
Fotos: Olaf Dülberg

Schutzdienst! Stellen und Verbellen. Foto: Olaf Dülberg

Der feste Griff. Fotos: Olaf Dülberg

durch die zunehmende Selektion auf Hunde, die - um es im Hundesportler-Deutsch zu sagen - »brettern«, also durch Zuchtauslese auf mannscharfe, triebstarke Tiere, auch der Stafford seine hervorragende Familieneignung verliert, wie es bei Rottweiler und Dobermann schon zeitweise der Fall war! Diesen Fehler darf man nicht wiederholen! Es kann nicht Sinn der Sache sein, den zweifellos noch immer tief in der Rasse verwurzelten Kampftrieb vom Artgenossen auf den - wenn auch gepolsterten - Menschen umzulenken! Statt dessen sollte man sich lieber bemühen, dieses Erbe im Griff behalten zu können.

Es gibt eine große Anzahl von Rassen, die jahrzehntelang für den Schutzhunde-Sport gezüchtet wurden. Wer diesen Sport betreiben will, findet unter ihnen sicherlich den passenden Hund für sich. Es muß kein Stafford sein!

Vielleicht sollten Schutzhunde-Sportler auch bedenken, wie ein angreifender Kampfhund auf den nicht hundekundigen Beobachter wirken mag. Dieser Anblick macht die Vorurteile gegen unsere Rassen sicher nicht geringer! Einwände, daß der Stafford seine Eignung zur Zucht nicht alleine durch Ausstellungssiege sondern auch durch unter Beweisstellen seiner Leistungsfähigkeit erlangen soll, sind sicher berechtigt. Leistungsfähigkeit, also den rassetypischen Mut, sowie körperliche Gesundheit und Funktionalität kann der Stafford jedoch durch eine Kombination von einer Wesensprüfung und etwa einer Ausdauerprüfung genauso gut beweisen wie durch den Schutzhunde-Sport! Erfahrungsgemäß ist der Schutzdienst sogar recht ungeeignet, um Mut zu demonstrieren. Viele hochdekorierte Schutzhunde sind in Wahrheit Angstbeißer. Es gibt aber noch eine ganze Anzahl von Möglichkeiten, Sport mit dem Staff zu betreiben. Neben der bereits genannten Ausbildung zum Fährten- oder Begleithund eignet der Stafford sich sicherlich auch sehr gut für die Ausbildung zum Rettungshund, für die ihn sein ausgeglichenes, sicheres Wesen geradezu prädestiniert. Außerdem gibt es noch die Möglichkeit, Breitensport zu betreiben. Sie können zwischen Teamtest, Geländelauf und Vierkampf wählen oder auch Flyball oder Agility mit dem Stafford ausüben. Es braucht also niemand zu darben, nur weil er auf Schutzdienst verzichtet!

Agility erscheint mir für den temperamentvollen und gewandten Stafford besonders gut geeignet, ich wundere mich, weshalb er noch so selten bei den Agility-Turnieren vertreten ist. Agility ist ein Sport, der den Zusammenhalt und die Zusammenarbeit zwischen Mensch und Hund optimal fördert. Der Hund wird unangeleint nur durch Handzeichen und Kommandos über einen vielfältigen Parcours dirigiert. Es gilt, verschiedene Hindernisse, etwa Wippen, Tunnel, Hürden, Slalom oder Balken in der schnellstmöglichen Zeit ohne Fehler zu überwinden. Dieser Sport kommt dem Sprungvermögen und der Geschicklichkeit des Staffords sehr entgegen und sollte ihm in verstärktem Maße ermöglicht werden.

Ferner gibt es noch die Möglichkeit, weight-pulling zu betreiben. Dieser Sport wurde eigentlich für Schlittenhunde entwickelt, dabei gilt es, einen mit Gewichten beladenen Wagen über eine Strecke von zehn Metern zu ziehen. Auf den ersten Blick eine einfache Sache, aber wenn man weiß, daß gerade Staffords und Pit Bulls in den USA Gewichte bis zu 2.400 kg gezogen haben, wird einem klar, daß weight-pulling echter Leistungssport ist.

Hierzulande nimmt man diesen Sport glücklicherweise nicht ganz so ernst, was der Gesundheit der Hunde sicherlich zuträglich ist. Wird weight-pulling ohne den für Menschen leider typischen Fanatismus betrieben, ist er für Staffs ein sehr schöner Sport, in dem sie ihren Willen und ihre Kraft eindrucksvoll unter Beweis stellen können. Mein Rüde zieht beispielsweise zweimal in der Woche in einem kleinen selbstgebauten Wagen meine Einkäufe nach Hause. Seine Begeisterung und auch so etwas wie Stolz sind ihm dabei deutlich anzumerken.

Ich hoffe, daß ich nicht den Eindruck erweckt habe, man *müß-te* mit dem Stafford unbedingt Sport treiben, denn so ist es nicht. Natürlich ist ein so temperamentvoller Hund ausgeglichener, wenn er die Chance bekommt, die angestauten Energien sinnvoll loszuwerden. Das muß aber nicht unbedingt durch gezielt betriebenen Sport geschehen, es reicht völlig aus, den Staff ausreichend zu beschäftigen.

Dazu eignen sich gemeinsame ausgedehnte Spaziergänge, auf denen Sie mit ihm Ball spielen, über Gräben und kleine Hecken springen, gemeinsam »Mäuse jagen« (er buddelt und Sie feuern ihn kräftig an), im Unterholz zum Apportieren nach geeigneten Stöcken suchen und ihn ganz allgemein vielfältig beschäftigen. Dem Einfallsreichtum sind dabei keine Grenzen gesetzt. Sie können sich von Ihrem Hund suchen lassen, wenn Sie ihn vorher von einem Helfer festhalten lassen, oder Sie können ihm Fährten legen, die er später ausarbeitet. Staffords sind auch leidenschaftliche Ballspieler, die allerdings nicht unbedingt auch apportieren. Dieses Problem läßt

Weight-Pulling. Anthony und Evita mit dem Sacco-Hundewagen.
Foto: Gerald Pötz

71

sich leicht lösen, indem Sie zwei Bälle benutzen: Den einen werfen Sie, der Hund flitzt hinterher. Wenn er den Ball eingeholt und geschnappt hat, zeigen Sie ihm den Zweiten und werfen ihn in die entgegengesetzte Richtung. Mit etwas Übung haben Sie beide es bald heraus, daß der Hund Ihnen im Vorbeilaufen den ersten Ball vor die Füße spuckt. Noch kräftezehrender und abwechslungsreicher ist das Spiel mit Artgenossen, das Sie ihm möglichst häufig bieten sollten. Nichts kann das gemeinsame Spiel ersetzen!

Staffords lieben Zerrspiele, ein zusammengeknotetes altes Handtuch reicht dazu aus. Aber Vorsicht! Sie bestimmen, wann das Spiel beendet ist und Sie behalten zum Schluß das Handtuch! Verstecken Sie das Lieblingsspielzeug des Hundes und lassen es ihn suchen. Nutzen Sie die warme Jahreszeit, um ihn schwimmen zu lassen. Kurz: Lassen Sie es nicht dazu kommen, daß diese aufgeweckte und temperamentvolle Rasse gelangweilt ist, abstumpft und zu einem bedauernswerten, trübsinnigen Lebewesen wird!

FÜTTERUNG

Wer »arbeitet«, der muß auch essen, und das gilt natürlich auch für den Hund. Jeder Hundehalter schwört auf ein anderes Futter, jeder hat eine andere Meinung, ob selbstgekochtes oder industriell gefertigtes Futter das Richtige für seinen Hund ist.

Industriell hergestelltes Futter enthält alle Nährstoffe, die der Hund benötigt, in der richtigen Zusammensetzung. Es hat den Vorteil, daß es schnell zubereitet ist und auf Reisen einfach praktischer ist als selbstgekochtes Futter.

Nachteilig ist, daß viele Hunde es eher ungern fressen und daß manche Ernährungswissenschaftler wohl zu Recht befürchten, daß der Wert von haltbar gemachter, nicht mehr frischer Nahrung gegenüber natürlichen Nahrungsmitteln deutlich niedriger liegt.

Ein vernünftiger Kompromiß scheint mir eine Kombination von Fertigfuttermitteln und selbstbereitetem Futter zu sein. Ich füttere beispielsweise abwechselnd ein gutes Fertigfutter und selbstbereitete Nahrung aus Fleisch, kohlehydratreichen Nährmitteln wie Nudeln, Reis oder Haferflocken und Zusätzen von geriebenem rohen Gemüse oder Obst. Fleisch kann teilweise durch gekochtes Ei, Quark oder Joghurt ersetzt werden. Das Verhältnis von eiweißreichen Futtermitteln und kohlehydratreicher Kost sollte beim jungen und temperamentvollen Hund etwa 2:1 betragen, beim ruhigeren, älteren Tier 1:2. Dem Fleisch sollte immer etwas Salz zugefügt werden.

Eine detaillierte Anleitung zur Fütterung entnehme ich dem Buch »Staffordshire Bull Terrier« von Dr. D. Fleig, das ebenfalls im Kynos Verlag erschienen ist.

1. Tag: Etwa ein Pfund rohes Fleisch, zusätzlich geriebenes Gemüse und eine Handvoll mit heißem Wasser zum Quellen gebrachte Futterflocken.

2. Tag: Ein viertel Pfund Quark und einen halben Liter Joghurt durcheinandergerührt, dazu eine Handvoll breit ausgewalzter Futterflocken Typ Matzinger, Zusatz Traubenzucker Honig, Früchte.

3. Tag: Hundefertigfutter, ange-

brüht mit kochender, reicher Fleisch- oder Knochenbrühe.

4. Tag: Eine Büchse Fertigfutter einer der führenden Marken.

Von der Menge für den kleineren Staffordshire Bull Terrier berechnet, scheint es mir für den American Stafford trotzdem ausreichend zu sein. Bei häufiger Fütterung von selbstbereitetem Futter habe ich recht gute Erfahrungen mit dem Zusatz von Vetzym-Tabletten gemacht, die in der vom Hersteller angegebenen Dosierung beigemengt werden. Vor allem bei Welpen und Junghunden ist vom Zusatz von Futterkalk und Vitamin D-Tabletten abzuraten! Das vorgefertigte Futter ist ausreichend mit Zusatzstoffen angereichert, ein Zuviel schadet hier nur!

Herr Dr. Fleig empfiehlt das oben beschriebene Futter auch zur Welpenaufzucht, dem ich im großen und ganzen zustimme. Allerdings würde ich in dem Fall die Futterflocken durch Welpenfertigfutter ersetzen, weil damit gewährleistet ist, daß der Hund alle wichtigen Vitamine und Mine-

Unzertrennlich!

Wir zwei!   *Foto: Corinne Basello*

ralien in der richtigen Zusammensetzung erhält und man keine Präparate beimischen muß.

Daß Welpen natürlich die gesamte Futtermenge auf vier bis fünf Mahlzeiten täglich verteilt bekommen und das Futter eventuell mit Calcipot-Tabletten angereichert werden kann, die wegen des Schokoladengeschmacks gerne genommen werden (etwa 6 Tabletten täglich bis zur Vollendung des 18. Lebensmonats) setze ich voraus.

Ein ganz wichtiger Punkt ist die vernünftige Fütterung. Der Stafford sollte lieber etwas zu wenig als zu viel erhalten. Die Rippen müssen immer noch durch das Fell schimmern! Staffords können rechte Futtermäkler sein, und das führt oft dazu, daß man verzweifelt mit dem besten Rindfleisch vor dem Hund sitzt und versucht, ihn zum Fressen zu überreden. Mein eigener Rüde hat dieses Spiel beinahe perfektioniert, nachdem er eine Magendarminfektion hatte. Ich will mir lieber nicht ausrechnen, wieviel ich in diesen Wochen für Rinderbraten und Säuglingsnahrung ausgegeben habe!

Gerade bei Welpen und Junghunden erscheint einem das Hungernlassen - der einzige vernünftige Weg, den Hund wieder zum gescheiten Fressen zu bringen - oft grausam. Es muß aber sein, weil Ihr Hund sonst irgendwann nur noch das frißt, was ihm beliebt. Und das ist meist weder ausgewogen noch preiswert! Hunger ist der beste Koch und nach ein oder

Sofarutscher!   *Fotos: Thomas Lemke*

zwei Tagen, in denen dem mäkeligen Staff immer wieder das übliche Futter angeboten wird, das man nach zehn Minuten konsequent wegräumt und erst wieder zur nächsten normalen Fütterungszeit anbietet, ist diese Phase des Futterverweigerns meist ausgestanden. Sagte ich bereits, daß Staffords äußerst stur sein können....?

Ein Wort zu den umstrittenen Knochen. Fast jeder hat entweder die Meinung, daß der Hund Knochen benötigt - oder daß sie ihm schaden. Keine der beiden ist richtig! Das mäßige (!) Füttern von großen Kalbs- oder Rinderknochen schadet dem Hund in keiner Weise. Es muß aber auch nicht sein. Zur gesunden Ernährung sind Knochen nicht erforderlich. Allerdings kräftigen sie das Gebiß und haben einen Säuberungseffekt. Außerdem kann ein Hund sich stundenlang mit dem Knochen beschäftigen, wenn er einmal alleine zu Hause bleiben muß. Es ist nur darauf zu achten, daß die Knochen wirklich so groß sind, daß der Hund keine Stücke von ihnen verschlucken kann. Diese könnten zu Darmverletzungen oder Erbrechen führen. Sie sollten auch den Kot des Hundes überprüfen. Ist er zu hell oder gar weiß, dann füttern Sie zu viel Knochen. Dann kann der typische Knochenkot auftreten, der möglicherweise zu Darmverschluß führen kann.

Sollten Sie wegen BSE oder aus anderen Gründen keine Knochen verfüttern wollen, dann geben Sie dem Hund bitte häufiger Büffelhautknochen oder Rinderhufe.

Auch Ochsenziemer und Schweineohren haben den Effekt, daß das Gebiß gereinigt und gekräftigt wird. Der Rat, harte Hundekuchen zu geben, bringt meiner Meinung nach weniger, da sie dem Staffordgebiß nicht lange genug standhalten. Eine ausreichende Beschäftigung bieten sie jedenfalls nicht.

Eine grundsätzliche Anmerkung noch zur Fleischfütterung! Rohes Schweinefleisch kann beim Hund zu einer tödlich verlaufenden Virusinfektion führen. Durch Abkochen wird diese Gefahr gebannt. Abgekochtes Fleisch darf keinesfalls - wie oft angenommen - faulig werden! Hunde vertragen zwar rohes, angefaultes Fleisch ausgezeichnet, ist es aber abgekocht, dann ist es für ihn nicht mehr bekömmlich!

DER FAMILIENHUND

Auf die Aspekte der Rasse als Familienhund möchte ich noch einmal gesondert eingehen. Der American Stafford eignet sich durch seine Zuneigung zu Kindern ausgezeichnet als Familienhund. Er stellt keine hohen Anforderungen an die Pflege. Was sicherlich positiv ist, nach ausgedehnten Wald- und Feldspaziergängen muß er dreckverkrustet nicht gebadet werden, sondern wird durch Abreiben mit einem Hundehandschuh oder kurzem Überbürsten wieder sauber. Als Pflegeutensilien benötigt man für ihn ausschließlich einen Handschuh mit Gumminoppen oder eine weiche Bürste und ein Fensterleder, um dem Fell Glanz zu verleihen. Normalerweise ist es kaum einmal nötig, ihn zu bürsten. Weil es aber für die Durchblutung der Haut sehr gut ist, sollte zumindest wöchentliches Bürsten auf dem Kalender stehen.

Die hohe Reizschwelle, die den Stafford auszeichnet, macht ihn zum idealen Hund für kinderreiche

Familien, da er ungeschickte Behandlung und das oft recht grobe Zugreifen kleinerer Kinder nicht übel nimmt. In den USA wird der Staffordshire eingesetzt, um die Behandlung behinderter Jugendlicher und Kinder zu unterstützen. Daß dafür nur eine Rasse mit ausgeglichenem Wesen und unerschütterlichem Temperament geeignet ist, wird jedem einleuchten.

Diese positiven Eigenschaften dürfen jedoch nicht als eine Art »Freifahrschein« betrachtet werden! Hund wie auch Kind müssen lernen, miteinander umzugehen.

Für das Kind bedeutet das, daß es lernen muß, den Schlafplatz des Hundes als dessen Rückzugsmöglichkeit zu respektieren, wobei der Hund nicht gestört werden darf. Man muß dem Kind erklären, daß man einen Hund beim Fressen niemals stören darf und daß Hunde nicht dazu da sind, um sie zu necken oder gar herum zu kommandieren, wozu Kinder in gewissen Altersstufen neigen.

Falls der Stafford nicht schon als Welpe in die Familie kommt, sondern bereits da ist, wenn sich Nachwuchs ankündigt, empfiehlt es sich, ihm schon während des Krankenhausaufenthaltes der Frau eine benutzte (!) Windel mitzubringen und ihm somit das Baby gewissermaßen bekanntzumachen. Das mag Ihnen »anrüchig« erscheinen, Hunde nehmen den ersten Kontakt aber nun mal über den Geruchssinn auf! Kommen Mutter und Kind aus dem Krankenhaus, geben Sie dem Hund nochmals eine benutzte Windel zur Untersuchung und stellen ihm danach das Baby beispielsweise mit den Worten »Ja, was haben wir denn da? Das ist unser Baby« vor. Was Sie sagen, ist unwichtig, der Tonfall ist ausschlaggebend. Wenn Sie dem Hund außerdem erlauben,

das Baby gründlich zu beschnüffeln, dürfte er verstanden haben, daß es von nun an zur Familie gehört.

Ich hoffe, daß Sie nicht den häufigen Fehler machen und den Hund vernachlässigen, wenn das Kind da ist. Hunde besitzen ein sehr feines Gespür für solche Veränderungen! Sie sollten ihn im Gegenteil mit einbeziehen, ihn etwa beim Füttern des Kindes im Raum lassen und ihm den Rest Milch oder Brei geben. Das leidige Thema »Eifersucht« dürfte so gar nicht erst auftauchen.

Ein weiteres Problem bei Hunden ganz allgemein und bei Staffords im Besonderen besteht darin, daß sie das herangewachsene Kind nicht mehr als ranghöheres Rudelmitglied anerkennen. Babys und Kleinkinder werden auch vom Hund als solche erkannt und sind mit »Welpenschutz« versehen. Wächst das Kind heran, verliert es diesen Schutz und wird meist auch nicht als ranghöher anerkannt. Sehr häufig tritt dieses Problem während der Pubertät des Kindes auf. Lassen Sie es gar nicht erst dazu kommen und machen Sie dem Hund von Anfang an klar, daß er den letzten Rang im Rudel einnimmt.

Das hat nichts mit Grausamkeit oder Unterdrückung zu tun! Auch im Wildhunderudel herrscht eine strenge Rangfolge, der Rangniedrigste ist dabei keinesfalls der »Prügelknabe«, sondern fühlt sich in der ihm zugedachten Rolle durchaus wohl. Jedenfalls deutlich wohler als ein Hund, der nicht weiß, an welchen Platz er gehört. Hunde schätzen die Sicherheit einer klaren Rangfolge!

Sollte der Hund also Anstalten machen, sich gegenüber dem Kind Freiheiten herauszunehmen, die er bei den anderen Familienmitgliedern niemals wagen würde, müssen Sie handeln. Der erfolgversprechendste Weg besteht darin, gemeinsam mit dem Kind dem Hund Unterordnungsübungen beizubringen. Unter der Anleitung von Erwachsenen lernt das Kind, aber vor allem der Hund, ein vernünftiges Miteinander.

Die Rangfolge muß für den Hund unmißverständlich sein. Gehören Sie zu den Hundehaltern, die Skrupel haben, dem Hund die Stellung im Rudel notfalls mit Härte zuzuweisen, dann bedenken Sie bitte, daß Ihr Hund solche Skrupel nicht kennt! Nehmen nicht Sie den Rang des Rudelführers ein, dann muß er das tun. Und das wird er Ihnen auch recht eindrucksvoll demonstrieren! Bei der Kraft und Hartnäckigkeit eines Staffords kann das für den Menschen gefährlich, unter Umständen sogar ein echtes Risiko sein. Beugen Sie dem vor und machen schon dem Welpen sanft, aber nachdrücklich klar, daß alle Familienmitglieder eine höhere Stellung innehaben.

Wenn Staffords mit etwa 6 bis 9 Monaten und dann noch einmal zwischen 16 und 20 Monaten in die Rüpelphase kommen, reicht in aller Regel unnachgiebige Konsequenz dem Hund gegenüber völlig aus. Bei hartnäckigeren Exemplaren kann aber auch einmal eine Ohrfeige notwendig sein. Im rechten Moment angebracht, ist sie nicht etwa ungerecht oder grausam. Auch im natürlichen Hunderudel werden aufmüpfige Welpen gestraft. Sie müssen auch keine Angst haben, daß Ihr Hund handscheu wird. Erwachsene Hunde strafen Welpen mit dem Fang, der bei anderen Gelegenheiten füttert und Sozialkontakte ermöglicht. Und einen »fangscheuen« Welpen habe ich noch nicht kennengelernt.

Wichtig ist nur, daß die Strafe erstens schnell und direkt an das Vergehen anschließend erfolgt, zweitens nur dann gestraft wird, wenn dem Hund klar ist, daß er etwas falsch gemacht hat. Und drittens dürfen Sie in gar keinem Fall nachtragend sein! Sofort nach der Strafe müssen Sie wieder loben können. Dafür ist eine gewisse Selbstbeherrschung vonnöten.

In Wut vorgenommene Bestrafungen verwirren den Hund meist nur, bringen nichts. Sollten Sie wirklich einmal so ärgerlich werden, daß Sie sich nicht mehr beherrschen können, brechen Sie die Übungen für den Tag am besten ab! Eine vernünftige, liebevolle und dennoch konsequente Erziehung beugt den meisten Unfällen mit Hunden vor. Fast 75 % aller Beißunfälle passieren in der eigenen Familie. Auch hier liegt es in Ihrer Verantwortung, es gar nicht erst soweit kommen zu lassen.

Richtig erzogen ist der Stafford der ideale Familienhund, der mit den eigenen sowie befreundeten Kindern stundenlang spielt, die älteren Kinder auf Streifzügen durch Wald und Feld begleitet, ohne daß Sie sich um die Sicherheit der Kinder sorgen müßten, und der auch die Familie ohne eine spezielle Ausbildung verläßlich schützt. Man sagt dem Staffordshire eine Art »7. Sinn« nach, durch den er selbständig zwischen echter Bedrohung und harmlosen Situationen unterscheiden kann und entsprechend reagiert.

Eine Vorsichtsmaßnahme zum Schluß: Babys und Kleinkinder dürfen niemals unbeaufsichtigt mit Hunden alleine gelassen werden! Der Hund bleibt bei aller Kinderliebe ein Tier, dessen Reaktionen nicht vorhersehbar sind. Zum selbständigen Ausführen sollte der Zweibeiner mindestens 15 Jahre alt und hundeerfahren sein.

Keine Rotphasen - bei richtiger Erziehung und Sozialisierung.

Foto: Thomas Lemke

DIE BERÜHMT - BERÜCH-TIGTE »ROTPHASE«

Die »Rotphase« oder auch »Wutrausch« genannte Überreaktion von Kampfhunden während des Kampfes oder in Angriffssituationen verdient meines Erachtens ausführliche Betrachtung. Denn wenn man weiß, worum es sich dabei handelt und wann sie auftritt, kann man einiges tun, um sie abzuwenden.

Bevor ich diesen Zustand bei eigenen Hunden kennenlernte, hielt ich die Geschichten über »ausrastende Kampfhunde« für Jägerlatein. Mein 6 Monate alter Rüde reagierte auf ein plötzlich hinter uns auftauchendes Pferd mit diesem Wutrausch. Er versuchte, dem Pferd an den Hals zu springen, was ich glücklicherweise mit einem schnellen Griff in das Nackenfell verhindern konnte.

Und dann bewies er mir höchst eindrucksvoll, daß es diese Rot-

79

phase tatsächlich gibt.... Er tobte und schrie in den höchsten Tönen, bemühte sich mit aller Kraft, doch noch an das Pferd zu gelangen. Dazu muß man wissen, daß er bis dahin absolut umgänglich mit den großen Vierbeinern war. Das plötzliche Auftauchen des Pferdes hinter uns muß er als Bedrohung aufgefaßt haben. Ich befahl ihm »Aus«, aber ohne Erfolg, ich packte ihn im Nackenfell, aber er randalierte unbeeindruckt weiter. Schließlich verpaßte ich ihm einen Schlag unter das Kinn - und bekam ein Ergebnis! Nun steigerte er sich, angestachelt durch den Schmerz, erst so richtig in seine Wut!

An diesem Tag blieb mir nichts anderes übrig als den wütenden Hund an der Leine aus der Nähe des Pferdes zu zerren. Kaum waren wir in einiger Entfernung, beruhigte er sich schlagartig und war wieder der Hund, den ich kannte. Heute weiß ich, daß es das Verkehrteste überhaupt ist, einen Stafford, der sich in dieser rauschartigen Wut befindet, durch körperliche Schmerzen zum Ablassen zu bewegen. Dadurch steigert sich seine Angriffslust nur noch.

Das Vernünftigste ist es, ruhig zu bleiben und den Hund außer Reichweite des Auslösers für seine Wut zu bringen - notfalls zu tragen! Das bedeutet aber keineswegs, daß man diesem Phänomen hilflos gegenüberstehen müßte! Hat man erst einmal herausgefunden, auf was der eigene Hund mit dieser unnatürlich gesteigerten Wut reagiert und wodurch sie sich ankündigt, was von Hund zu Hund individuell verschieden ist, kann man dem begegnen.

Gerät Ihr Stafford beispielsweise regelmäßig - nach einem Schlüsselerlebnis? - beim Anblick von Rindern in diese Wut, dann bleiben Sie vor allem ruhig, da Ihre Erregung sich auf den Hund übertragen würde, und gewöhnen den Hund anfangs in der höchstmöglichen »sicheren« Distanz an ein bestimmtes Hörzeichen, etwa »Nein! Ruhig!«. Dieses Kommando geben Sie sofort bei den ersten Anzeichen, daß der Hund in Erregung gerät und bestehen auf der Ausführung. Schritt für Schritt verringern Sie die Entfernung zum Wut - Auslöser, wobei Sie eher etwas zu langsam als zu schnell vorgehen. Wenn Sie das über einen längeren Zeitraum hin konsequent üben und beruhigend auf den Hund einwirken, kann die Rotphase in den meisten Fällen vermieden werden.

Zu dieser Methode der Desensibilisierung, also des langsamen Gewöhnens an den Auslöser der Aggressionen, finden Sie wertvolle Informationen in den Büchern »Hunde auf der Couch« von Roger Mugford und »Versteh' Deinen Hund« von Peter Neville. In ihnen wird detailliert beschrieben, wie Sie solch aggressives Verhalten in den Griff bekommen können.

Wenn der Hund sich aber schon in dieser Wut befindet, verfallen Sie bitte niemals der Idee, ihn durch Schlagen oder mit einem Stachelhalsband zu traktieren! Schmerzen steigern diesen rauschhaften, für Kampfhunde typischen Zustand nur.

Mit ein Grund, warum ich bei Hunden allgemein, speziell aber bei Kampfhunden gegen den Einsatz von Stachelhalsbändern oder Teletakt-Geräten bin.

Ganz davon abgesehen, daß Stachelhalsbänder ein Armutszeugnis für den Hundeführer sind, kann man bei diesen Rassen nicht einfach völlig überholte und veraltete Ausbildungsmethoden anwenden. Im besten Fall nützen sie nichts, im schlimmsten Fall reizen sie den Hund zur Steigerung der Aggression!

Die einzigen Erziehungshilfen, die man benötigt, sind eine etwa 5 Meter lange Leine, ein schmales, nicht würgendes Nylon- oder Lederhalsband und in seltenen Fällen, wenn man sich noch nicht sicher ist, daß der Hund das Kommando wirklich befolgt, einen Maulkorb. Dieser dient einzig und allein für kurze Zeit zur Sicherheit! Er kann und darf niemals die Erziehung ersetzen! Der Maulkorb kann aber den Vorteil haben, daß man selbst ruhiger ist, weil man ja weiß, daß nichts passieren kann, und daß man daher auch selbst auf den Hund beruhigend wirkt. Ausgestattet mit diesen Hilfsmitteln kann man in den meisten Fällen eine Änderung des Verhaltens bewirken. Ganz typisch für die Rotphasen ist es, daß der Hund sich sehr schnell beruhigt, wenn er auf Distanz gebracht wird, und daß er eigentlich nur auf Bedrohliches mit ihr reagiert!

Das aggressive Wüten eines Staffords gegen einen kleinen Hund mit der Rotphase entschuldigen zu wollen, ist falsch! Das zeugt von schlechter Erziehung, da die Bedrohung, echt oder vermeintlich, ein ausschlaggebender Bestandteil dieser Wut ist.

Kapitel Fünf

GESUND-
HEITS-
FÜRSORGE

Allgemeines

Rassetypische
Gesundheitsprobleme

Krankheitssymptome

Bewegung - der Schlüssel zur Gesundheit.   *Foto: Gerald Pötz*

ALLGEMEINES

Wenn wir von allgemeiner Gesundheitsfürsorge sprechen, sind damit in erster Linie die erforderlichen Impfungen, Wurmkuren, das Freihalten von Parasiten und die richtige Fütterung gemeint.

Der Welpe wird im Alter von acht Wochen gegen Staupe, Hepatitis, Parvovirose und Leptospirose geimpft, eine Wiederholungsimpfung im Alter von 12 Wochen, bei der zusätzlich gegen Tollwut geimpft werden sollte, vervollständigt die Grundimmunisierung, die dann einmal jährlich aufgefrischt werden muß. Damit haben Sie schon eine ganze Menge für die Gesunderhaltung des Hundes getan.

Bitte glauben Sie nicht, in der heutigen Zeit wären diese Impfungen nicht mehr nötig! Gerade die Parvovirose, auch Katzenseuche genannt, ist in den letzten Jahren stark im Kommen. Ungeimpfte Hunde, die sich angesteckt haben, sind fast nie zu retten, »vertrocknen« durch starkes Erbrechen und Durchfälle regelrecht.

Den Welpen wie auch den erwachsenen Hund sollten Sie regelmäßig entwurmen. Bitte kaufen Sie geeignete Präparate gegen Spul-, Haken- und Bandwürmer nur beim Tierarzt, denn die freiverkäuflichen Mittel sind häufig nicht mehr wirksam, da die Würmer resistent geworden sind. Der Tierarzt berät Sie auch gern, in welchen Abständen Entwurmungen vorgenommen werden sollen, untersucht den Kot gegebenenfalls auf das Vorhandensein von Wurmeiern, die man nicht mit bloßem Auge sehen kann, wie oft angenommen, und untersucht vor der Behandlung auch den Allgemeinzustand des Hundes. Bei geschwächten Hunden können die im allgemeinen heute sehr gut verträglichen Mittel zu Durchfällen führen.

Auch bei Flohbefall, der sich leicht nachweisen läßt, wenn man im Fell des Hundes schwarzbraune Krümel findet, die - mit etwas Wasser befeuchtet - sich braun-rot verfärben. Diese Krümel sind Flohkot und beweisen das Vorhandensein von Flöhen auf dem Hund. Da für jeden Floh, der sich auf dem Hund befindet, etwa 100 Flöhe in Ihrer Wohnung sind, sollten Sie den Befall nicht auf die leichte Schulter nehmen! Auch hier tritt wieder das Problem der Resistenz gegen viele Mittel auf. Daher sollten Sie sich auch hier vom Tierarzt beraten lassen.

Vor allem im Sommer findet man häufig Zecken, spinnenartige Parasiten, die ihre Mundwerkzeuge in die Haut des Hundes bohren, um Blut zu saugen. Ob man sie links herum oder rechts herum herausdreht, ist gleichgültig. Man sollte sie aber nicht, wie früher häufig empfohlen, mit Öl oder Nagellack beträufeln. Die Zecken ersticken dadurch und werden im Todeskrampf den Speichel, der Infektionen übertragen kann, in den Körper des Hundes entleeren. In manchen Gebieten übertragen Zecken gefährliche Krankheiten. Wenn Sie in einer solchen Gegend wohnen, kann Ihr Tierarzt Ihnen wirksame Maßnahmen vorschlagen. Oft wird behauptet, daß das Steckenbleiben des Zeckenkopfes böse Entzündungen verursacht. Das ist nicht richtig! In den allermeisten Fällen passiert gar nichts, der vertrocknete Kopf fällt nach einigen Tagen von selbst ab. Wenn sich im Ausnahmefall tatsächlich eine Entzündung bildet, sollten Sie den Tierarzt aufsuchen.

Im Handel befinden sich unzählige Halsbänder, die vor Flöhen und/oder Zeckenbefall schützen sollen. Ich stehe ihnen sehr skeptisch gegenüber. Ich sah zu oft schlimm verflohte Hunde, die solche Halsbänder regelmäßig getragen haben! Ich bin der Ansicht, daß häufige Kontrolle und konkrete Behandlung durch den Tierarzt die bessere Alternative ist, zumal auch diese Halsbänder bei Staffords manchmal allergische Reaktionen hervorrufen.

Zur Gesunderhaltung des Hundes gehört eine ausgewogene Fütterung. Staffs leiden vermehrt an ernährungsbedingten Hautproblemen. Futtermittelallergien können recht schnell durch eine Umstellung auf Produkte, die kein Rindfleisch oder Soja enthalten, behoben werden. In den Fällen, in denen eine solche Umstellung keinen Erfolg bringt, hat sich folgende Diät bewährt:

1. - 3. Tag: Ausschließlich gekochten Naturreis verfüttern.

3. - 6 Tag: Zusätzlich zum Reis wird Hühnerfleisch gegeben.

6. - 9. Tag: Es wird Quark oder Joghurt zugefügt.

Nach diesem Muster können Sie nach und nach herausfinden, auf welches Nahrungsmittel Ihr Hund allergisch reagiert und es in Zukunft meiden. Dann können Sie eine ausgewogene Diät zusammenstellen oder sich beim Tierarzt ein vorgefertigtes Diätfutter empfehlen lassen.

Das oben genannte Futter hat sich auch bei Durchfall, Erbrechen und anderen Magen-Darm-Problemen bewährt. Die einzige Abweichung besteht darin, daß der Hund erst zwei Tage fasten sollte, bevor er wieder Nahrung aufnehmen darf. Ein weiteres fütterungsbedingtes Hautproblem ist trockene, schuppige Haut und stumpfes Fell. Das kann an zu hohem Proteingehalt des Futters liegen oder dem Hund fehlen Fettsäuren. Die Wahl eines Futters mit einem niedrigen Proteingehalt (um 22 % bei Trockenfutter und etwa 6 % bei Naßfutter) und die Beigabe von einem Eßlöffel Sonnenblumenöl zum Futter schafft in der Regel Abhilfe.

Regelmäßige, ausreichende Bewegung, häufige Haut- und Fellkontrolle auf Parasiten, das Überprüfen der Ohren auf übermäßige Schmalzabsonderung und unangenehmen Geruch und das Schlankhalten des Hundes helfen Ihnen, daß Sie den Tierarzt nur zu den Routineuntersuchungen und Impfungen aufsuchen müssen.

Manchmal wird behauptet, daß Staffords anfälliger für Zerrungen, Dehnungen und Stauchungen sind, mit meiner Erfahrung deckt sich diese Beobachtung nicht. Kräftige Muskulatur schützt im allgemeinen vor diesen Verletzungen. Auch die bei vielen Rassen gefürchtete Hüftgelenksdysplasie (HD) tritt beim Stafford nur sehr selten auf. Leider kann sie durch die Zucht auf hohe Gewichte jedoch schnell ein Problem werden!

RASSETYPISCHE GESUNDHEITSPROBLEME

Viel mehr Schwierigkeiten als HD bereiten der Rasse die Neigung zu Hauterkrankungen, Allergien und die erblich bedingte Autoimmunschwäche, die gemeinhin als Demodekose bekannt ist. Demodex-Milben kommen auf jedem Hund vor und bereiten in der Regel bei gesunden Hunden keine Probleme. Bei genetisch bedingter Immunschwäche, unter der viele Staffs leiden, kommt es aber zu haarlosen, kreisrunden Stellen im Fell. Diese Hautstellen liegen bevorzugt an den Innenseiten der Schenkel, am Bauch, an Flanken und Rutenansatz. Sie verursachen nur sehr selten Juckreiz.

Nachweisen läßt sich der Befall mit Demodex-Milben sicher nur durch Hautgeschabsel, die der Tierarzt an verschiedenen Körperstellen abnimmt und unter dem Mikroskop untersucht. Bedeutete die Demodekose früher das Todesurteil für den Hund, stehen dem Tierarzt heute hoch wirksame Medikamente zur Behandlung zur Verfügung. Diese müssen nach Anweisung des Tierarztes über mehrere Wochen oder Monate angewandt werden. Ein Tip aus der Praxis: Wenn die Behandlung nicht zufriedenstellend anschlägt, fragen Sie Ihren Tierarzt bitte, ob er Erfahrung mit der Anwendung von Ivomek bei Kleintieren hat. Dieses Mittel wurde für Rinder entwickelt, ist aber zur Behandlung von Demodex-Milben bei Hunden hervorragend geeignet.

Es sollte eigentlich eine Selbstverständlichkeit sein, daß mit Staffords, welche die genetische Veranlagung zu dieser Erkrankung haben, nicht gezüchtet werden sollte! Es gibt aber leider ganze Linien, die an Demodex-Räude leiden! Es wird heute angenommen, daß Hunde, die nur in der Welpenzeit Symptome zeigten, die Veranlagung nicht vererben, gesicherte Untersuchungen stehen aber noch aus. Bis dahin sollten nur genetisch nicht vorbelastete Hunde zur Zucht zugelassen werden. Der schönste Hund, die besten Formwertnoten rechtfertigen keine solche Krankheit! Ich hoffe, die Staffzüchter nehmen sich das zu Herzen, damit aus dieser robusten Rasse keine anfälligen Hunde mit diversen Erkrankungen werden!

In den vergangenen Jahren häufen sich Klagen von Staffordhaltern, deren Hunde an Juckreiz, Allergien, Futtermittelunverträglichkeit, Ekzemen und eben Demodex-Befall leiden. Und noch immer kann man Hunde auf Ausstellungen sehen, die ein »mottenzerfressenes« Fell haben! Diese Präsentation dient der Rasse ganz sicher nicht! Schwarze und blaue Staffords sollen noch anfälliger für Hautkrankheiten sein. Aber auch hier stehen leider gesicherte Untersuchungen noch aus.

Die Nieren sind ein weiterer Schwachpunkt des Staffords. Auch hier handelt es sich wieder um eine genetisch vererbte Veranlagung zur Erkrankung! Als Halter kann mein einiges tun, um Nierenprobleme zu vermeiden. Als kurzhaariger Hund muß der Stafford unbedingt warm, viel wichtiger aber trocken gehalten werden. Also nach Spaziergängen im Regen unbedingt abtrocknen, lange Aufenthalte im Freien bei kaltem Wetter und wenn der Hund sich nicht durch Bewegung erwärmen kann vermeiden! Die Nieren und die Blase, vor allem des Rüden, sind auf häufiges Absetzen von Urin eingestellt, der Hund muß ausreichend Gelegenheit haben, zu urinieren! Dunkler und rötlicher Urin sind ein Alarmzeichen, ebenso starker Durst, der nicht zu erklären ist. Bei solchen Alarmzeichen sollten Sie sofort den Tierarzt aufsuchen!

KRANKHEITSSYMPTOME

Anzeichen für eine Krankheit des Hundes sind Appetitlosigkeit, die länger als zwei Tage anhält, Erbrechen und Durchfälle, die mehrmals hintereinander auftreten und Verstopfung, die über mehr als einen Tag anhält. In diesen Fällen ist es ratsam, den Tierarzt aufzusuchen.

Übermäßiger Durst, Fieber (wenn die Temperatur über 39 Grad steigt) und Mattigkeit deuten auf Pyometra (Gebärmuttervereiterung), Nierenprobleme und allgemeine Entzündungsvorgänge hin. Auch dann sollten Sie nicht zögern, den Tierarzt aufzusuchen, vor allem wenn bei der Hündin noch gelblich-grüner Scheidenausfluß hinzukommt.

Ohrenschütteln, häufiges Kratzen an den Ohren und dunkle Ablagerungen im Ohr sowie ein unangenehmer Geruch können Anzeichen für Otitis media (Mittelohrentzündung) oder Otitis externa, einer Entzündung des äußeren Ohres sein.

Beide müssen mit wirksamen Medikamenten behandelt werden, wenn mehrtägiges Reinigen des Ohres keine Besserung bringt. Auf gar keinen Fall das oft empfohlene Ballistol-Öl zum Reinigen nehmen! Sie dürfen auch niemals mit Ohrenstäbchen in das Ohr eindringen!

Die beste Vorbeugung ist regelmäßiges Reinigen der Ohren, sobald sich Ohrenschmalz zeigt.

Mit Canosept-Lösung, einem speziellen Mittel für Hunde (Bode Chemie Hamburg), das Ihnen jede Apotheke besorgt, ist die Reinigung einfach. Das gelöste Schmalz wird mit einem Papiertuch aus der Muschel entfernt.

Lahmt der Hund nach wildem Umhertoben oder einem Sprung, reicht es in den meisten Fällen, ihn einige Tage zu schonen. Allein bei offensichtlichen Brüchen, länger andauernder oder ständig wiederkehrender Lahmheit muß der Tierarzt aufgesucht werden.

Auch Hautirritationen, die nicht auf Parasiten zurückzuführen sind, verschwinden normalerweise nicht von selbst und gehören in Behandlung.

Ein rundum gesunder Hund hat klare, glänzende Augen, eine Nase, aus der kein Ausfluß tritt, trockene, glatte Haut und ein glänzendes, dichtes Fell.

Vergessen Sie den Unsinn, daß gesunde Hunde eine kalte und kranke Hunde eine heiße Nase hätten! Die Temperatur der Nase hängt von viel zu vielen äußeren Umständen ab, etwa der Umgebungstemperatur, um ein sicheres Indiz zu sein!

Kapitel Sechs

AUSSTELLUNG

Warum ausstellen?

Ausstellungsbewertungen

Die erste Ausstellung

Die Autorin am Rande der Ausstellung.

WARUM AUSSTELLEN?

Es gibt eine ganze Anzahl vernünftiger Gründe, eine Ausstellung zu besuchen. Vielleicht hat der Züchter Ihres Hundes Sie schon beim Kauf gebeten, den Hund einmal auszustellen, wenn er älter ist. Es wäre ideal, wenn zumindest ein großer Teil eines Wurfes den kundigen Augen eines Richters vorgestellt und bewertet würde. So hätten Züchter wie Interessenten einen guten Eindruck von den Vererbungsqualitäten der Elterntiere. Es kann auch sein, daß Ihnen ein Kenner der Rasse empfiehlt, den Hund auszustellen, oder Sie wollen einfach einmal selbst wissen, wie Ihr Hund von einem Fachmann beurteilt wird.

Wenn Sie züchten wollen, ist der Besuch von Ausstellungen sowieso Pflicht. Aber auch wenn Zucht für Sie nicht in Frage kommt, spricht doch viel dafür, den eigenen Hund auszustellen! Zum einen wäre der Rasse sicher damit gedient, wenn ein Großteil der Gesamtpopulation vorgestellt würde, damit Züchter fundiertes Wissen über die Vererbungsqualitäten verschiedener Hunde erhielten. Zum anderen versichere ich Ihnen, daß es viel Freude bereiten kann, auf Ausstellungen stolz den eigenen Hund zu präsentieren, andere Hunde der Rasse zum Vergleich zu sehen und Menschen zu treffen, die alle eines gemeinsam haben: Die Liebe zum American Staffordshire!

Um jedoch eine gute Chance zu haben, ist es ratsam, den eigenen Stafford vor dem Besuch von Ausstellungen schon einmal von Rassekennern, etwa von Züchtern oder erfolgreichen Ausstellungsbesuchern, beurteilen zu lassen. Wenn Sie dann auf der ersten Ausstellung eine gute Bewertung erhalten oder gar eine Plazierung unter den ersten vier Hunden erreichen, dann wird das Ausstellungsfieber Sie sicher packen!

AUSSTELLUNGS-BEWERTUNGEN

Bevor Sie aber das erste Mal Ihren Hund präsentieren, sollten Sie etwas Grundwissen über die verschiedenen Klassen und Formwertnoten besitzen. Das allererste Mal können Sie den Hund ausstellen, wenn er 6 Monate alt geworden ist, und zwar in der Jüngstenklasse, die bis zum 9. Monat offensteht. Über Sinn und Unsinn der Jüngstenklasse, in der der Hund noch keine Formwertnote erhält, sondern nur Beurteilungen wie »vielversprechender Nachwuchs«, »versprechender Nachwuchs« und »guter Nachwuchs«, ist viel diskutiert worden. Gerade Spätentwickler wie der Stafford, bei dem noch hinzukommt, daß manche Tiere die Entwicklung bereits mit 12 Monaten, andere erste mit zweieinhalb Jahren abgeschlossen haben, sind in dieser Klasse noch nicht richtig zu beurteilen. Ob es sinnvoll ist, einen so jungen Hund dem Streß einer Ausstellung auszusetzen, ist ebenfalls umstritten. Ich denke, diese Klasse kann bei Hunden, die sehr vielversprechend sind, ein gutes Training für spätere Ausstellungen sein, unbedingt notwendig ist dies aber nicht.

Für die erste Ausstellung ist es ratsam, den ganzen Tag so vorzubereiten, daß unter keinen Umständen großer Streß entsteht. Das heißt, daß Sie mehrere kleine Spaziergänge einplanen sollten und in jedem Fall dem Junghund eine ihm wohlbekannte Schlaf- und Ruhegelegenheit, etwa seinen Klappkäfig, zur Verfügung halten. Sie sollten die ganze Angelegenheit ausschließlich als Übung, keinesfalls als Ernst betrachten!

Auf jeden Fall gehört es schon in den Bereich der Tierquälerei, wenn Aussteller oder Besucher 2 bis 6 Monate alte Junghunde auf einer solchen Veranstaltung stundenlang mit sich herumschleppen! Ein derartiges Verhalten überfordert den jungen Hund sowohl psychisch wie auch physisch!

Ernster wird es, wenn der Hund in der Jugendklasse starten kann, die vom 9. bis zum 18. Lebensmonat offensteht. Hier werden Formwertnoten bis zum »sehr gut« von manchen Richtern auch bis zum »vorzüglich« vergeben. Auch hier läßt sich wieder trefflich darüber streiten, ob so junge Hunde die

Bewertung »vorzüglich« schon rechtfertigen oder nicht. Ich möchte es einmal so sagen: Es mag immer wieder einen Stafford geben, der schon in der Jugendklasse vollkommen ausgereift ist und bei entsprechender Voraussetzung diese Beurteilung auch verdient. In aller Regel ist dies aber nicht der Fall, »fertige« Junghunde sind doch wohl eher die Ausnahme. Wer einen derart früh ausgereiften Stafford sein eigen nennt, der kann ihn schließlich ab dem 15. Lebensmonat in der offenen Klasse anmelden und dort seine Lorbeeren mit ihm verdienen. Ich meine, die Jugendklasse sollte gerade den noch nicht fertigen Junghunden vorbehalten sein und dann auch das »sehr gut« als höchste Benotung vergeben werden.

Nach dem Sieg!

In der Offenen Klasse, die vom 15. Lebensmonat an offensteht, werden sich nun alle erwachsenen Staffords miteinander messen, die Konkurrenz ist naturgemäß hier am größten. Man muß sich nun auch den eigenen Hund gut ansehen, ob er dieser Konkurrenz bereits gewachsen ist, oder doch noch in der Jugendklasse angemeldet werden sollte. Vergessen Sie nicht, daß so mancher Stafford, der mit zwölf, ja, sogar mit achtzehn Monaten noch schmal, schlacksig und sogar nicht kraftvoll aussieht, sich noch zu einem recht imposanten Erwachsenen mausert! Besteht er aber den prüfenden Blick, können Sie ihn getrost in der Offenen Klasse anmelden.

Außer diesen Grundklassen gibt es noch Sieger-, Ehren-, Veteranen- und Klassen, in denen die vorgestellten Hunde außer Konkurrenz gezeigt werden. Die einzelnen Bestimmungen können Sie jedem Meldeschein entnehmen, und wenn Ihr Stafford die Qualifikation für eine der Klassen erreicht hat, sind Sie sowieso schon ein Ausstellungsfuchs, der sich gut auskennt. Zunächst einmal sollten Sie aber wissen, was die Formwertnoten im einzelnen bedeuten.

Die Fédération Cynologique Internationale (FCI), welcher der Verband für das Deutsche Hundewesen (VDH) angeschlossen ist, hat dafür Bestimmungen erlassen, deren Zusammenfassung ich nachfolgend wiedergebe.

Vorzüglich:

darf nur einem Hund vergeben werden, der dem Standard sehr nahe kommt, der Klasse und das rassetypische Wesen ausstrahlt und dessen Unvollkommenheiten durch überlegene Eigenschaften vergessen gemacht werden.

Sehr gut:

darf nur einem Hund zuerkannt werden, der alle rassetypischen Merkmale besitzt und ein Klassehund ist. Er hat einige verzeihliche Fehler, jedoch keine morphologischen.

Gut:

erhält ein Hund, der die Hauptmerkmale der Rasse besitzt, aber Fehler aufweist.

Genügend:

wird vergeben, wenn der Hund dem Rassetyp entspricht, aber nicht die allgemein anerkannten Eigenschaften der Rasse besitzt.

Leider wird auf Ausstellungen häufig das rassetypische Wesen vernachlässigt, rein nach äußerem Erscheinungsbild gerichtet. So kommt es vor, daß ein überaggressiver oder ängstlicher Stafford mit »vorzüglich« bewertet wird, bei einer Rasse, in deren Standard steht: »Sein Mut ist sprichwörtlich«. Ein geradezu unverzeihlicher Fauxpas!

DIE ERSTE AUSSTELLUNG

Bevor Sie aber mit einer Bewertung den Ring verlassen, müssen Sie erst einmal hinein! Und das Präsentieren des Hundes sowie sein Verhalten bei Gebißkontrolle und Abtasten sind ausschlaggebend, können durchaus zwischen zwei gleichwertigen Hunden den Ausschlag geben.

Auch die Entscheidung zwischen »vorzüglich« und »sehr gut« kann davon abhängen. Ohnehin ist es traurig, wie wenig ernst viele Aussteller die Ringpräsentation ihres Hundes nehmen. Lustlos, ja, offenbar gelangweilt wird der Hund irgendwie hingestellt, bei der Gangkontrolle schleppend nebenher gezerrt. Von Ringkämpfen zwischen Hund und Halter bei der Gebißkontrolle ganz zu schweigen ... Das muß nicht sein, und es ist

Vorbildliche Ausstellungs-Präsentation. Rounder's Red Ruffian - 12 Monate und Tough Guy's Hillbilly, 18 Monate.   *Fotos: Gerald Pötz*

denkbar einfach, die richtige Präsentation zu erlernen. Das ist wirklich kinderleicht, wie viele erfolgreiche Juniorhandler beweisen, die spielerisch, aber dennoch korrekt den Hund vorführen.

Die Gebißkontrolle üben Sie schon beim Welpen, ziehen ihm sanft (!) die Lefzen hoch - Aufreißen des Fangs ist absolut unnötig - und loben ihn mit einem bewundernden »Was hat der Junge / das Mädchen schöne Zähne!« Wenn das bei Ihnen klappt, bitten Sie erst dem Hund bekannte Personen, diese Prozedur mit ihm zu üben, später ihm unbekannte Menschen (Nachbarn), die Gebißkontrolle vorzunehmen. Ausgiebiges Loben und sanfte Behandlung, die keine Schmerzen verursacht, sind der Schlüssel zum Erfolg.

Dasselbe gilt für das Training des korrekten Stehens. Da gibt es Aussteller, die den Hund regelrecht wie ein Stofftier zurechtrücken, die Vorderläufe noch einen Zentimeter nach vorn, die Hinterhand wird nach hinten gezogen und der Kopf unnatürlich nach oben gezerrt. Und so soll das arme Vieh dann bewegungslos dastehen.

Für mich ist das immer ein trauriges Schauspiel. Ein sich selbst stolz präsentierender Hund wirkt bedeutend schöner und fehlerhafte Stellungen von Vorder- oder Hinterhand werden ohnehin spätestens bei der Gangwerkkontrolle sichtbar! Ich ziehe es bei weitem vor, wenn der Hund natürlich steht, das Gewicht auf alle vier Pfoten verteilt, gerade und aufmerksam. Um das zu erreichen, gibt es eine ganze Anzahl von »Tricks«, die Sie sich von Ausstellungsprofis im Ring abgucken können. Einige seien hier genannt. Liebt Ihr Stafford Bälle, dann nehmen Sie einen Ball in die linke, die Leine in die rechte Hand. Den Ball in Schulterhöhe

halten und den Hund laufend loben »Wo ist denn das Balli? Schön Steeeh, ja, steeeh, so ist brav«. Anfangs reichen 30 Sekunden, bis er den Ball als Belohnung bekommt, schrittweise verlängern Sie die Dauer des Stehens bis etwa 5 Minuten.

Andere Staffords können eher durch einen besonderen Leckerbissen zum aufmerksamen Stehen ermuntert werden, und noch andere stellen sich schön »stolz«, wenn man sie mit aufmunternder Stimme fragt »Ja, wo ist denn das Frauchen / der Rex?« oder Ähnliches. Finden Sie heraus, was Ihren Hund besonders reizt und üben das korrekte Stehen mit viel Lob, dann wird er sich ganz von selbst auf die Ermunterung »Steh« hin stolz und aufmerksam im Ring präsentieren. Trainieren Sie auch vor Publikum - Nachbarn, Vereinsmitgliedern - dann kann auf der ersten Ausstellung nicht mehr viel schiefgehen.

Was Sie und Ihr Stafford noch beherrschen sollten, ist die richtige Vorführung des Gangwerks. Da Sie ihm bereits während der Grunderziehung das Gehen bei Fuß an lockerer Leine beigebracht haben, dürfte das kein Problem für Sie sein. Sie sollten nur darauf achten, daß Sie möglichst nicht zwischen Hund und Richter geraten. Haben Sie die Grunderziehung versäumt - was ich nicht hoffe - dann nehmen Sie wieder den Ball in die rechte, Leine in die linke Hand und üben das lockere Traben auf einer Geraden. Auch hier gilt wieder, daß Sie möglichst keinen Zwang ausüben dürfen, schließlich soll der Hund aufgerichtet und frei laufen. Ein gedrückt nebenher schleichender Stafford macht keinen guten Eindruck!

Wahrscheinlich sind Sie im Ernstfall, also auf der ersten Ausstellung, nervös, aufgeregt und gespannt. Das alles überträgt sich auch auf den Hund. Nehmen Sie es also bitte gelassen, wenn nicht alles auf Anhieb so klappt, wie zu Hause. Mit der Zeit gewinnen Sie und Ihr Hund die Routine, die bei Ausstellungsprofis so selbstverständlich wirkt. Auch diese haben einmal klein angefangen!

Ein deutliches Wort noch zur Ringpräsentation! Kaum etwas ärgert mich so sehr wie Staffords, die sich im Ring gegenseitig angiften! Wie mag ein solcher Anblick auf den Besucher wirken, der auf dieser Ausstellung einen ersten Eindruck von dieser Rasse gewinnen wollte? Denken Sie bitte immer daran, daß auf einer Ausstellung die Rasse auch immer der Öffentlichkeit präsentiert wird. Aggressive, giftige Staffords erwecken im unkundigen Besucher ein völlig falsches Bild dieser Rasse. Außerdem sind solche Angriffsversuche im Ring unnötig, lassen sich vermeiden. Ich besitze selbst einen Rüden, der alles auf vier Beinen haßt. Trotzdem benimmt er sich im Ring vorbildlich. Wie das? Nun, erstens weiß er, daß das Präsentieren im Ring »Arbeit« ist, zweitens stelle ich ihn nach Möglichkeit so, daß er anderen provozierenden Staffords abgewandt ist. »Abdrehen« nennt man das. Stellen Sie Ihren Stafford als den freundlichen und typischen Vertreter seiner Rasse vor, der er sein sollte.

Wenn Sie dann den Richterbericht in den Händen halten und aus dem Ring entlassen sind, sollten Sie sich die Bewertung gut durchlesen und das Urteil sportlich akzeptieren. Das Urteil des Richters ist unanfechtbar. Und wenn er Ihrem Hund eine Bewertung gegeben hat, mit der Sie unzufrieden sind, dann sicher nicht, um Sie zu ärgern!

Er muß ein objektives Urteil über Ihren und die anderen Hunde abgeben. Und auch Richter sind letztendlich nur Menschen. Der eine zieht den bulligen Typ Stafford vor, der andere mag lieber drahtige Vertreter. In Ihren Augen sollte Ihr Stafford der Beste sein, unabhängig von Formwertnoten und Beurteilungen! Die Tagesform des Hundes spielt eine nicht zu unterschätzende Rolle, kann über Sieg und Plazierung entscheiden. Eine Fülle an Informationen und Bildern über Ringpräsentation finden Sie in dem Kynos Buch »Gutes Handling«. Sehr empfehlenswert.

Wenn Sie auf mehreren Ausstellungen regelmäßig auf den vorderen Plätzen vertreten waren, kommt Ihnen vielleicht der Gedanke, mit Ihrem Hund zu züchten, womit wir beim nächsten Kapitel sind.

Kapitel Sieben

ZUCHT DES STAFFORDS

Züchten - ja oder nein?

Genotyp

Das Zuchtziel

Der Deckakt

Tragezeit

Die Geburt

Aufzucht

Die Abgabe

Zuchtalter

Anabell of Steel & Velvet, 9 Wochen   *Foto: Gerald Pötz*

ZÜCHTEN - JA ODER NEIN?

Dieses Kapitel bereitet mir einiges an Kopfzerbrechen, denn es ist einerseits nicht ganz einfach, das notwendige Wissen über Genetik, Vererbung, Blutlinien und Welpenaufzucht leicht verständlich zu vermitteln, zum anderen weiß ich nicht, ob ich bei der derzeitigen Stafford-Schwemme und vor dem Hintergrund der herrschenden Kampfhunde-Polemik überhaupt zur Zucht raten soll.

Das Einfachste wäre wohl, Ihnen von der Zucht abzuraten. Ich hoffe jedoch, daß Ihnen die Rasse American Staffordshire Terrier sehr am Herzen liegt, daß Sie wirklich versuchen wollen, die Rasse zu verbessern und sich auch gründlich mit den überall bestehenden Vorurteilen und Problemen auseinandergesetzt haben. Gerade in Zeiten hoher Nachfrage muß der Liebhaber die Probleme sehen, denen sich verantwortungsbewußte Züchter stellen müssen.

Um eines ganz klar zu sagen: Was wir - und vor allem diese Rasse - nun wirklich nicht brauchen, sind »Züchter«, die mit der Produktion von Staffords Geld verdienen wollen! Staffords gibt es zur Zeit wahrlich mehr als genug! Die vielen traurigen Schicksale dieser Hunde sprechen eine deutliche Sprache. Natürlich verdient ein solcher »Züchter« Geld mit dem Verkauf von Welpen, die aus durchschnittlichen oder gar schlechten Eltern stammen und die zu Preisen um DM 2.000,-- angeboten werden. Fast noch schlimmer sind Vermehrer, die ihre billig produzierten Welpen ohne Papiere billig - also um etwa DM 700,-- anbieten. Bei ihnen wird »auf Vorrat« produziert, mehrere Hündinnen dienen nur dem Zweck, Ge-

bärmaschinen zu sein. Solche bedauernswerten Welpen enden häufig in den falschen Händen, wobei den Verkäufern - solange das Geld stimmt - völlig gleichgültig ist wo die Hunde landen, in Tierheimen oder gar zum Einschläfern beim Tierarzt.

Zwei Umstände führen in aller Regel dazu, daß diese Welpen zu problematischen Hunden heranwachsen. Die Elterntiere werden ohne Rücksicht auf rassetypisches Wesen ausgewählt, alles, was nach Staff aussieht, wird zur »Zucht« genommen. Es kommt hinzu, daß den Welpen die - viele - Zeit fehlt, die ein gewissenhafter Züchter sich für die Früherziehung und Prägung der Welpen nimmt. Man könnte traurige Bücher über das Thema schreiben, mir bleibt hier leider nur, es zu streifen, Käufer zu warnen.

Es gibt - entgegen der landläufigen Ansicht - keinen einzigen gesundheitlichen Grund, mit einer Hündin wenigstens einmal einen Wurf zu machen. Untersuchungen haben eindeutig bewiesen, daß Erkrankungen der weiblichen Genitalorgane wie beispielsweise Gebärmutterentzündungen und Gebärmutterkrebs bei jungfräulichen Hündinnen genauso häufig auftreten wie bei Hündinnen, die Welpen hatten.

Der Einwand, es sei doch für die Kinder so schön, die Geburt und das Aufwachsen von jungen Hunden mitzuerleben, ist geradezu sträflich bei einer Rasse, die so sehr in das Kreuzfeuer geraten ist. Bei ihr muß unbedingt darauf geachtet werden, daß einzig und allein wesensfeste und gesunde Tiere nach gründlicher Überlegung zur Zucht gelangen!

Nun besitzen Sie aber eine Hündin, die nicht nur über das rassetypische Wesen verfügt, kerngesund und leistungsfähig ist, von sehr guten, ja, herausragenden Eltern stammt, keine schlechten Eigenschaften wie aggressives Verhalten gegenüber Menschen hat und außerdem noch auf Ausstellungen mehrfach mit »sehr gut« oder »vorzüglich« bewertet wurde? Sie haben die Zeit und den Platz, eine fünf- bis neunköpfige Welpenschar zu beschäftigen, auch einzeln? Sie sind sich darüber im Klaren, daß Sie keinen Pfennig an den Welpen verdienen werden, vielleicht sogar noch draufzahlen, und Sie sind der festen Überzeugung, die auch von anderen Kennern der Rasse bestätigt wurde, daß Ihre Hündin der Rasse etwas wesentlich Gutes geben kann? Und Sie haben obendrein die Möglichkeit, einen von Ihnen gezüchteten Welpen zurückzunehmen, wenn die Umstände es erfordern? Wenn Sie all diese Fragen mit einem eindeutigen, klaren »Ja« beantworten

können, aber nur dann, kann ich Ihnen das »Abenteuer Zucht« nahelegen.

Angesichts der Masse von Staffords ist wohl die wichtigste Frage, ob Ihre Hündin tatsächlich eine Bereicherung für die Staffordzucht ist. Dabei sind nicht allein Ausstellungssiege gemeint, schöne Staffs gibt es viele! Auf die äußere Erscheinung wird sowieso viel zu viel gezüchtet. Der »normale« Hundehalter braucht keinen Weltsieger, sondern einen belastbaren, wesensfesten, nervenstarken und gesunden Hund, der sich zum optimalen Familienhund eignet und problemlos am täglichen Leben teilnehmen kann. Die Reihenfolge »Gesundheit, Intelligenz, Leistungsfähigkeit und dann erst Schönheit« ist von Herrn Dr. Fleig aufgestellt worden. Und dem ist wohl nichts hinzuzufügen.

Daß Sie mich nicht mißverstehen! Ich bin sehr für eine Er-

Darf ich helfen?   *Foto: Corinne Basello*

füllung der Standardforderungen! Aber, wie meine Oma zu sagen pflegte: Von einem schönen Teller allein kann man nicht essen. Wir haben heute die Situation, daß wir sehr viele »sehr schöne« Staffords haben, von denen ein zu hoher Prozentsatz an Wesensschwäche, Angst, Überaggression und Krankheiten leidet. Könnte man bei einer wirklich bedrohten Rasse den einen oder anderen Wesens- oder Gesundheitsmangel in Kauf nehmen, wenigstens für begrenzte Zeit, so ist das beim Stafford nicht nur unnötig, sondern wäre ein sträfliches Vergehen an dieser faszinierenden Rasse!

Wohin hat die reine Schönheitszucht denn geführt?

Der Stafford war ursprünglich ein widerstandsfähiger, kerngesunder Hund mit hoher Intelligenz und mutigem, hervorragendem Wesen. Das mußte er sein, um die Auslese in der Pit zu überleben.

Vielleicht sehe ich alles zu schwarz, aber ich sehe hervorragende Köpfe, wunderschöne Körper, sehr gute Bemuskelung und viel Substanz und Masse - so viel, daß die schwergewichtigen Hunde schon beim lockeren Trab außer Atem geraten!

Ich möchte keinesfalls als Befürworter von Hundekämpfen gelten, das muß verstanden werden. Ich verabscheue diese grausamen Entartungen der Menschheit, kann mir aber den Hinweis nicht verkneifen, daß die Mehrzahl der heutigen Staffords nicht einmal mehr ansatzweise in der Lage wären, die Leistungen ihrer Ahnen zu vollbringen.

Nach den Kriterien der alten Hundekämpfer wären sie viel zu schwer, unbeweglich, fett und langsam, um auch nur eine Minute unter den harten Bedingungen eines Kampfes zu bestehen. Nein,

ich will keine Hundekämpfe! Aber ich will wieder den beweglichen, agilen und leistungsstarken Stafford mit Wesen und Mut! Ich will keine Muskelberge mit dem Charme einer Schlaftablette, keine riesigen Köpfe, die aber nicht mehr »sauber im Kopf« sind!

All das sind Fehler, die durch reine Schönheitszucht entstanden sind. Ein anschauliches Beispiel, wohin diese Zucht führen kann, ist die Englische Bulldogge. Betrachtet man Stiche von den alten Kampfbulldogs, so sieht man einen kräftigen und muskulösen Hund mit leichtem Vorbiß und einer mäßig breiten Front auf hohen, geraden Läufen.

Vergleicht man diese wunderschönen Tiere mit den heutigen, ins Groteske verkehrten Bulldogs, dann fragt man sich, wie so etwas entstehen konnte.

Beim Bulldog hat man nach langer Zeit nun erkannt, daß es so nicht weitergeht und züchtet vermehrt mit Hunden, die dem Typ nicht entsprechen, den man so lange bevorzugt hat, die längere, geradere Läufe, weniger Falten und keinen derart ausgeprägten Vorbiß mit verkümmerter Nase haben. Diese Entwicklung vom gesunden Hund über krankhafte Übersteigerung einzelner Merkmale bis hin zur spät erkannten nötigen Umkehr, müssen wir beim Stafford nicht wiederholen!

Daß reine Ausstellungszucht einer Rasse nur schadet, beweisen zahllose Beispiele der heutigen Rassehundezucht. Bei einer Rasse wie dem - zu Unrecht - in Verruf geratenen American Staffordshire, darf das einwandfreie Wesen und die Umweltverträglichkeit nicht derart vernachlässigt werden! Fazit: Schönheit? Ja. Aber erst, nach Gesundheit, Intelligenz und Leistung!

GENOTYP

Wenn Sie sich daran halten, benötigen Sie trotzdem noch das Wissen um Genetik. Sieger mal Sieger gleich Sieger, diese Formel geht selten auf! Denn der Sieger, den Sie vor sich sehen, repräsentiert nur den Phänotyp des Hundes, also das, was Sie äußerlich an Wesen und Schönheit feststellen können. Ausschlaggebend für erfolgreiche Zucht ist aber der Genotyp, der sogenannte »genetische Schatten« des Hundes, die gesamte genetische Veranlagung, die er besitzt und vererbt. Ein eher unscheinbarer Hund kann einen hervorragenden Genotyp haben, ein Umstand, der zu dem Mißverständnis geführt hat, daß unscheinbare Hündinnen allein durch den Einfluß eines hervorragenden Rüden erstklassige Welpen bringen könnten. Es gibt zwar sogenannte reinerbige Tiere, die wirklich auch mit weniger guten Partnern sehr guten Nachwuchs bringen können, aber in der Regel verfügten einige »unscheinbare« Hündinnen einfach über hervorragende genetische Veranlagungen, die sie ihrem Nachwuchs vererbten.

Woran erkennt man aber den Genotyp eines Hundes? Sie müssen Ahnenforschung betreiben, sich die Eltern, Großeltern, Urgroßeltern und Ururgroßeltern des Hundes genau ansehen. Welche Vorzüge besaßen oder besitzen sie, die offensichtlich an die Nachkommen vererbt wurden? Welche Vorzüge sind in der Linie gefestigt, welche Fehler treten häufig auf? Die gesamte Genetik hier erklären zu wollen ist aus Platzgründen nicht möglich, das Buch »Genetik der Hundezucht« von Dr. Malcolm B. Willis bietet eine fundierte Einführung in die Materie. Hier sollte als Faustregel für Sie gelten: Machen Sie sich durch Ahnenforschung ein genaues Bild von Ihrer Hündin, von ihrem Genotyp, und betreiben diese auch bei den in Frage kommenden Deckrüden. Beide sollten möglichst viele gemeinsame Vorzüge, möglichst wenige gemeinsame Fehler aufweisen. Der Rüde sollte vom Genotyp zusätzlich noch eine möglichst große Anzahl von Vorzügen besitzen, die der Hündin fehlen. Durch Verdoppeln der Vorzüge festigen Sie diese in Ihrer Zucht, für Fehler gilt das Gleiche.

Desweiteren gilt die Hündin über den Rüden das eigene Blut zurückzugeben, was nichts anderes bedeutet, als mit verwandten Hunden zu züchten. Die enge Verwandtschaftszucht zwischen Eltern und Kindern und Geschwistern untereinander, die Inzestzucht, bringt zwar recht schnell Ergebnisse, ist für den Anfänger aber nicht zu empfehlen, da auch Fehler stark gefestigt werden und diese kaum noch auszumerzen sind. Sie sollten sich an etwas weiter entfernte Verwandte halten, etwa Onkel, Großväter, Halbgeschwister. Diese Form der Zucht nennt man Linienzucht und ist für den Anfänger der sicherste Weg, guten Nachwuchs zu züchten.

Auch der Outcross, eine Verpaarung von nicht oder nur weit entfernt verwandten Tieren, der erforderlich werden kann, wenn in eine in sich gefestigte Zuchtlinie neue Vorzüge eingebracht werden müssen oder ganz allgemein der Inzuchtgrad zu hoch geworden ist, sollte erfahrenen Züchtern vorbehalten bleiben, da für den Anfänger nicht vorhersehbar ist, was dieser Outcross an Vorteilen und Fehlern mit sich bringt.

Halten Sie Inzucht oder Linienzucht mit verwandten Hunden bitte nicht für eine unnatürliche Sache, im Gegenteil ist sie das natürlichste überhaupt! Im Wolfsrudel etwa wird irgendwann einer der Söhne des bisherigen Leitwolfes die Führung übernehmen und seine Schwestern und die eigene Mutter decken. Inzucht ist also keinesfalls verwerflich oder unnatürlich.

DAS ZUCHTZIEL

Wenn Sie einen verwandten Rüden gefunden haben, der vom Genotyp her die Vorzüge Ihrer Hündin besitzt, was Sie beim Rüden in der Regel nicht nur an den Vorfahren, sondern auch an der meistens schon vorhandenen Nachzucht erkennen können, sollten Sie sich darauf konzentrieren, gesunde, wesensfeste Familienhunde zu züchten, die natürlich auch noch schön sein dürfen.

Versteifen Sie sich nicht auf den möglichen Champion! Er ist längst nicht so wichtig und für Sie als Züchter nicht so zufriedenstellend wie gleichmäßig gute Welpen, die hervorragende Familienhunde abgeben. Zufriedene Besitzer und glückliche Hunde werden es Ihnen danken. Wenn Sie sich zudem noch bemühen, die Rasse ein wenig zu verbessern, haben Sie sich schon eine ganze Menge vorgenommen!

Mir drängt sich immer wieder folgendes Bild auf: Auf der einen Seite wunderschöne, hoch dekorierte Ausstellungssieger, deren Wesensschwächen großzügig unter den Teppich gekehrt werden, auf der anderen Seite die »Ausschußware« solcher Zuchtprogramme, deren Wesensfehler nicht unter den Teppich gekehrt werden können, weil sie ihren Besitzern so unendlich viele Schwierigkeiten im täglichen Leben bereiten....

Rassetypisches, freundliches Wesen, erstklassige Kondition und Gesundheit, das sollte Ihr Ziel sein!

Wenn Sie die Hündin nun objektiv und kritisch, bitte nicht durch die rosarote Brille der Zuneigung, überprüft und auch den passenden Rüden mit Blutanschluß gefunden haben, der normalerweise nicht direkt um die Ecke zu finden ist und bei dem es sich lohnt, auch weitere Strecken in Kauf zu nehmen, kommt Ihnen in der Regel schon die erste Hürde in den Weg!

DER DECKAKT

Leider ist es immer noch manchmal der Fall, daß eine natürliche Paarung von Staffords nicht möglich ist, weil einer von ihnen oder sogar beide höchst aggressiv reagieren und so eine Paarung ohne das Eingreifen des Menschen nicht möglich ist. Nun befindet man sich in einem solchen Fall in einer Zwickmühle. Natürlich ist mir klar, daß das erstklassige Verhalten des Staffords gegenüber Menschen und sein hervorragendes Wesen auf die Entstehung der Rasse durch Hundekämpfe zurückzuführen ist und daß Staffords einfach aggressiver auf Artgenossen reagieren als andere Rassen. Aber ich bin dennoch der Ansicht, daß eine Zwangshochzeit nur dann zu rechtfertigen ist, wenn es wirklich gute Gründe gibt, ausgerechnet diese Hündin oder den Rüden zur Zucht zu verwenden! Eine erhöhte Angriffsbereitschaft sollte in gewissem Maße toleriert werden, wenn aber der Fortpflanzungstrieb auch dann nicht über den Kampftrieb dominiert, wenn die Hündin eindeutig in der Hochbrunst ist und beide Hunde ausreichend Gelegen-

heit bekommen haben, sich anzu-
freunden, was durchaus einige
Stunden oder Tage in Anspruch
nehmen kann, dann halte ich es für
besser, diese Paarung eben nicht
durchzuführen. Es ist allerdings
auch möglich, daß die Hündin bei
einem anderen Rüden weitaus wil-
liger ist. Nur paßt der dann meist
nicht in das Zuchtprogramm....

Also: Zwangshochzeit nur dann,
wenn gewichtige Gründe für diese
Verpaarung bestehen und alle Versuche, doch eine natürliche Paarung zu erreichen, fehlgeschlagen
sind!

In gewissem Maße halte ich
diese Forderung auch aufrecht,
wenn es um die Herausnahme von
Hündinnen aus der Zucht geht, die
einen Ausfall des Mutterinstinktes
haben. Daß Erstlingshündinnen
ihre Welpen zuweilen töten, kann
als normal betrachtet werden, weil
die bei der ersten Geburt meist
noch nicht recht wissen, was sie
mit den Welpen anfangen sollen.
Ich kann es auch noch verstehen,
wenn eine Hündin durch besondere Vorzüge ausserordentlich wichtig für die Zucht ist und aus diesem
Grund der Instinktausfall geduldet
wird. Ich meine aber, daß in diesem Fall schon sehr viele und gute
Gründe für diese Hündin sprechen
sollten! Nachweislich wird der
Pflege- und Muttertrieb vererbt
und ein fehlender Muttertrieb stellt
einen starken Instinktausfall dar,
der möglicherweise an andere
Defekte gekoppelt ist.

Ich vertrete diese Meinung nicht
blauäugig, sondern habe ganz konkrete Gründe für meine Ansichten.
Ich kenne viele Staffords, die
äußerst aggressiv auf Artgenossen
reagieren, aber in den meisten
Fällen ist auch bei ihnen eine natürliche Paarung möglich, da die
Hündinnen durch die Läufigkeit
und die damit verbundene Hor-

monumstellung weitaus »friedli-
cher« werden, und die Rüden
durch die Lockstoffe, die die läufi-
ge Hündin ausstrahlt, in Deck-
stimmung und nicht in Kampflust
geraten. Auch für die Welpenaufzucht gilt dasselbe. Es gibt viel zu
viele hervorragende Mütter unter
den Staffords, selbst Hündinnen,
die auf andere Hunde durchaus
aggressiv reagieren, um das Töten
der Welpen als normales Kampf-
hunde-Verhalten zu sehen. Es ist
beim Stafford eindeutig eher die
Ausnahme denn die Regel und
sollte das auch bleiben. Ich kenne
die sicherlich auch gerechtfertigten
Ansichten von Züchtern von anderen Kampfhunderassen, sehe beim
American Stafford aber die Situation etwas anders. Ob die verbes-
serten Verhältnisse auf den höhe-
ren Anteil von Bulldog-Blut zurückzuführen sind, weiß ich nicht,
könnte es mir aber vorstellen, da
auch der Staffordshire Bull Terrier
nicht so übermäßig aggressiv gegen die eigenen Welpen ist wie
zuweilen der Englische Bull Terrier.

Wie gesagt, in bestimmten Fällen ist so eine übersteigerte Aggression durchaus zu rechtfertigen,
wenn aber die Hündin über keine
außerordentlichen Vorzüge verfügt, die so überragend sind, daß
schlechtes Aufzuchtverhalten dadurch zu entschuldigen wäre, meine ich, man sollte sie nicht zur
Zucht verwenden.

Unabhängig von den Eigen-
schaften der Hündin als Mutter
empfehlen erfahrene Züchter, die
Hündin mit ihren Welpen in den
ersten drei Wochen nach der Geburt zu überwachen. Wenn mir bei
einer solchen Notwendigkeit auch,
ehrlich gesagt, nicht recht wohl ist,
sehe ich dennoch ein, daß es nötig
sein kann. Viele Hündinnen auch
anderer Rassen haben schon verse-

hentlich ihre Welpen getötet, Erstlingshündinnen wissen nicht genau, was sie mit ihren Welpen anfangen sollen und, ja, es gibt unbestreitbar Hündinnen, die mit voller Absicht die Welpen töten (übrigens passiert das keinesfalls nur bei »Kampfhunden«)! Die Vergangenheit des Staffordshires hat uns diese einzigartige, faszinierende Hunderasse geschenkt, mit ein wenig Schatten werden wir wohl hier und da leben müssen.

TRAGEZEIT

Wenn Sie den Besuch bei dem Deckrüden hinter sich gebracht haben - es ist zu empfehlen, die Hündin an zwei aufeinanderfolgenden Tagen decken zu lassen - dann beginnt eine lange Zeit des Wartens. Hat sie aufgenommen? Die gesamte Tragezeit dauert etwa 63 Tage, es kann ein wenig früher oder später werden, in aller Regel sind es aber diese 63 Tage.

In den ersten Wochen werden Sie nichts davon bemerken, ob die Hündin aufgenommen hat oder nicht, selbst »deutliche« Anzeichen, wie das Anschwellen der Milchdrüsen und eine starke Umfangszunahme können sich als Scheinträchtigkeit herausstellen. Etwa ab dem 45. Tag kann eine Röntgendiagnose eindeutig die Trächtigkeit feststellen, schonender ist die Untersuchung mit Ultraschall, die um den 30. Tag bereits recht klare Ergebnisse liefert. Gewarnt sei vor dem Abtasten des Unterleibs der Hündin! Laien können hier großen Schaden anrichten! Wenn Sie durch Ultraschall, Röntgendiagnose oder Palpation durch den Tierarzt sicher wissen, daß die Hündin tragend ist, können Sie sich langsam daran

machen, die werdende Mutter zu unterstützen.

Ab der 4. Trächtigkeitswoche hat die Hündin einen erhöhten Futterbedarf, wobei die Menge nicht unbedingt das wichtigste Kriterium ist, die Qualität des Futters ist weit wesentlicher. Die Hündin - und mit ihr die heranwachsenden Föten - benötigen eiweißreiches, calziumreiches Futter, das sie durch Beimengung von Quark, gekochtem Ei, Fleisch und Joghurt anreichern können. Es gibt spezielle Fertigfuttermittel für tragende und säugende Hündinnen, wenn Sie ganz sicher gehen wollen. Zusätzlich ergänzen Sie das Futter mit einem geeigneten Calcium-Präparat. Mengenmäßig darf die Hündin soviel fressen wie sie selbst will, dabei ist aber darauf zu achten, daß sie keinesfalls Fett ansetzt! Übergewicht führt unter Umständen zu Geburtsschwierigkeiten. Die Tagesration wird spätestens ab der sechsten bis siebten Trächtigkeitswoche auf drei bis vier Einzelfütterungen verteilt.

Ebenso wichtig wie das geeignete Futter ist ausreichende Bewegung für die Hündin. Trächtigkeit ist keine Krankheit, und so kann die Hündin bis zur 6. Woche weitgehend selbst entscheiden, wieviel Bewegung sie haben will. Ab der 6. Woche sollten Sie aber darauf achten, daß sie nicht mehr springt und allzu wild herumtobt. Angemessene, ausreichende Bewegung ist jedoch wichtig. Muskeln und Sehnen müssen trainiert werden, damit die Hündin die Anstrengung der Geburt ohne Probleme meistern kann.

In der dritten Trächtigkeitswoche wird die Hündin noch einmal entwurmt, was aber keinesfalls bedeutet, daß die Welpen später frei von Würmern wären! Über ein geeignetes Präparat berät Sie der

Tierarzt, der Ihnen ebenfalls Medikamente für die Entwurmung der Welpen empfiehlt.

Ab der 5. Woche vergrößern sich die Zitzen, werden stärker durchblutet, ab der 7. Woche kann man meist ein deutliches Anschwellen der Milchdrüsen beobachten.

DIE GEBURT

Die bevorstehende Geburt kündigt sich durch starkes Hecheln, Unruhe, Belecken der Vulva und gelblich-grünen Ausfluß an. Auch ein Absinken der Körpertemperatur um etwa zwei Grad ist ein Indiz. Die Hündin sollte während der Geburt möglichst ungestört sein, Hektik überträgt sich und verunsichert sie. Beschränken Sie sich nach Möglichkeit auf die Rolle als Beobachter, greifen Sie nur im Notfall ein.

Schon während der letzten Trächtigkeitswoche sollten Sie der werdenden Mutter eine Wurfkiste zur Verfügung stellen, sie aber nicht zwingen, diese anzunehmen. Geduldiges Gewöhnen ist erfolgversprechender! Die Wurfkiste, die Sie leicht selbst bauen können, muß an einem warmen, trockenen Ort stehen, damit die Hündin Gelegenheit hat, sich dorthin zurückzuziehen. Die Seitenwände der Wurfkiste müssen so hoch sein, daß sie sicher vor Zugluft schützen, an einer Seite befindet sich ein niedriger Ausstieg für die Hündin. Die Kiste muß groß genug sein, so daß die Hündin bequem ausgestreckt liegen kann. Innen werden an den Wänden etwa 15 cm über dem Boden 10 cm dicke Seitenleisten angebracht, welche die Welpen bei einer ungeschickten Hündin vor dem Erdrücktwerden schützen. Die Wurfkiste sollte etwa 15 cm vom Boden erhöht stehen, um vor Bodenkälte geschützt zu sein.

Für die Geburt selbst kann man die Wurfkiste mit alten Zeitungen auslegen, die Blut, Fruchtwasser und andere Flüssigkeiten aufsaugen. Später dienen alte Laken oder Kunststoffunterlagen (Vet bed) als saugfähige, weiche Einlage. Wenn die Hündin früh genug geduldig an die Wurfkiste gewöhnt wurde, wird sie diese meist auch annehmen.

Bei der Geburt müssen Sie im Normalfall nicht helfend eingreifen, die Hündin kennt ihre Aufgaben in aller Regel genau, beißt die Fruchtblase auf, quetscht die Nabelschnur mit den Zähnen ab und leckt die Welpen ordentlich trocken. Ein gesunder, kräftiger Welpe wird sich dann unverzüglich daranmachen, an die »Milchbar« zu kommen.

Man mag meine Ansicht grausam nennen, ich persönlich halte jedenfalls nichts davon, schwache Welpen, die eventuell sogar von der Mutter nicht angenommen werden, künstlich zu päppeln. Auch von Flaschenaufzucht halte ich - außer bei größeren Würfen ab 6 Welpen oder mutterlosem Wurf - nichts. Rotlichtlampen sind ebenfalls überflüssig, wenn die Wurfkiste an einem warmen Platz mit etwa 22 Grad Raumtemperatur steht. Aber wenn die Kiste in einem unbeheizten Raum steht, ist eine Rotlichtlampe als zusätzliche Wärmequelle zu empfehlen.

Da ich aber weiß, daß nicht jeder meine Meinung teilt, will ich hier einige Maßnahmen beschreiben, die erforderlich werden können, um einen Welpen zu retten. Wenn die Hündin den Welpen nicht aus der Fruchtblase befreit, dann müssen Sie das tun. Nicht zu zimperlich sein! Welpen, auch neugeborene, sind robuster als man meint! Die Nabelschnur quetschen Sie an der Stelle ab, die von der Natur vorgesehen ist und die man daran erkennt, daß sie dünner ist und poröser erscheint. Bitte die Nabelschnur nicht abschneiden, Blutverlust könnte die Folge sein. Danach können Sie sich daranmachen, den Welpen mit einem sauberen, am besten in der Kochwäsche gewaschenen Frottierhandtuch trockenzurubbeln. Meist ist er spätestens jetzt soweit, daß er tüchtig schreit, und Sie können ihn an eine Zitze anlegen.

Es kann aber vorkommen, daß ein Welpe auch jetzt noch nicht selbständig atmet. Für diesen Fall gibt es eine ganze Anzahl von Züchterweisheiten! Sie reichen vom Beträufeln der Zunge des Welpen mit einem verdünnten Tropfen Weinbrand, Salz auf die Zunge geben, bis hin zum Eintauchen des Welpen in kaltes Wasser. Am erfolgversprechendsten scheint es mir aber, den Welpen so in der Hand zu halten, daß sein Kopf zwischen Daumen und Zeigefinger zu liegen kommt, das Genick unterstützt wird. Dann schlagen Sie den Welpen kopfüber nach unten aus, wodurch Wasser, das sich in den Atemwegen befindet, hinausgeschleudert wird, und der Welpe in aller Regel zu atmen beginnt. Diese Prozedur muß manchmal wiederholt werden, um den gewünschten Erfolg zu bringen. Man kann das in den Atemwegen befindliche Wasser auch mit dem Mund, den man über Nase und Schnäuzchen des Welpen legt, heraussaugen, um ihm das eigenständige Atmen zu ermöglichen. In den meisten Fällen sind diese Notfallmaßnahmen jedoch nicht notwendig, die Hündin besorgt alles alleine.

Eine normale Geburt sollte etwa in sechs Stunden ausgestanden sein, die Zeit schwankt natürlich je nach Anzahl der Welpen und Veranlagung der Hündin. Zählen Sie bitte die Nachgeburten, die von der Hündin gefressen wurden - übrigens eine wertvolle Nahrung, die nicht verwehrt werden sollte - und auch die in der Wurfkiste liegenden. Eine zurückbleibende Nachgeburt kann ebenso wie ein nicht ausgetriebener Welpe das Leben der Hündin gefährden!

Sind alle Welpen geboren und schmatzen zufrieden ihre erste Mahlzeit, sollten Sie der Hündin Wasser und einen Brei aus Milch, Getreideflocken, Honig, Ei und Traubenzucker reichen, eine stärkende Kost für die überstandene Anstrengung. Auch muß sie jetzt Gelegenheit bekommen, sich zu lösen.

AUFZUCHT

In den ersten drei Wochen kümmert sich die Hündin alleine um Ernährung und Pflege des Nachwuchses, wobei sie in der Lage ist, einen normal großen Wurf ohne Zufütterung zu ernähren. In den ersten zwei Lebenswochen sind Welpen blind und taub, Ohren und Augen öffnen sich erst um den 13. Tag. Dennoch sollte der verantwortungsbewußte Züchter schon in dieser Phase (vegetative Phase) die Welpen häufiger in die Hand nehmen, sie behutsam liebkosen. Ab der 3. Lebenswoche kommt dann Leben in die Welpenschar! Augen und Ohren nehmen ihre Funktionen auf, die ersten Milchzähne brechen durch. Jetzt ist es an der Zeit, die erste Entwurmung vorzunehmen - ein für Welpen gut verträgliches Medikament erhalten Sie beim Tierarzt - und mit der Ge-

Welpen, 4 Wochen alt.   *Foto: Gerald Pötz*

Welpen, 9 Wochen alt.   *Foto: Gerald Pötz*

wöhnung an feste Nahrung zu beginnen. Zwar können normal große Würfe noch immer allein durch die Muttermilch ernährt werden, eine frühzeitige Entwöhnung kann aber nicht schaden und entlastet die Hündin.

Anfangs einmal täglich, später dreimal täglich werden die Welpen einzeln mit feinstem Rindfleisch ohne Fett und Sehnen, das kleingeschabt wurde, gefüttert. Kleine Würstchen, die man formt, werden von den Welpen normalerweise gierig genommen.

Sobald die Welpen nicht mehr ausschließlich Milch erhalten, stellt die Hündin das Beseitigen von Kot und Urin ein. Von diesem Zeitpunkt an sollten Sie den Grundstein zur Stubenreinheit legen. Welpen beschmutzen ihren Schlafplatz nur sehr ungern. Geben Sie ihnen die Möglichkeit, sich ein wenig entfernt von der Wurfkiste auf Zeitungspapier, später im Freien zu lösen.

Von der 4. bis zur 7. Lebenswoche werden die Welpen zunehmend neugieriger und lernen, ihre Läufe und Zähne ordentlich zu gebrauchen! Von der 4. Woche an verlassen die Welpen das Wurflager, im Wildhunderudel würden sie jetzt erste, ziemlich grobe Bekanntschaft mit dem Rüden machen. Nun sollten die Welpen ausreichend Gelegenheit erhalten, in einem größeren Auslauf spielend die ersten Erfahrungen zu sammeln. Sie brauchen viel verschiedenes Spielzeug, Vollgummibälle, die groß genug sind, um keinesfalls verschluckt zu werden, große Kalbs- oder Rinderknochen, Pappkartons, die sich so herrlich zerreißen lassen, einen Heuballen, in dem sich wühlen läßt.... Ihrem Einfallsreichtum - und dem der Welpen - sind kaum Grenzen gesetzt. Von nun an werden die

Welpen auch vier- bis fünfmal täglich gefüttert, entweder mit einem guten Welpenfutter oder mit dem im Kapitel Erziehung und Haltung beschriebenen. Es sollte eine dickbreiige Konsistenz haben. Was nicht innerhalb von 5 bis 10 Minuten aufgefressen ist, wird weggeräumt. Futtermäkeligkeit, zu der Staffords neigen, wird dadurch vermieden.

In dieser Phase sollten die Welpen erste Bekanntschaften mit allem machen, was ihnen auch im späteren Leben begegnet. Freunde und Bekannte dürfen mit ihnen spielen, erste Kontakte zu Kindern werden aufgenommen. Die Welpen sollen in einem Auslauf im Garten Straßengeräusche, fremde Gerüche und andere Sinneseindrücke sammeln. Als verantwortungsbewußter Züchter nehmen Sie besonders in dieser Phase Ihre Aufgabe ernst, den einzelnen Welpen auf den Menschen zu prägen, sich mit jedem Welpen auch einzeln zu beschäftigen und mit ihnen zu spielen. Haben Sie noch andere Haustiere, sollten die jungen Hunde jetzt Bekanntschaft mit ihnen machen. Die Mühe, die Sie sich jetzt mit der Prägung der Welpen machen, zahlt sich ein Leben lang aus!

Eine Besonderheit beim American Staffordshire, die aber auch von anderen Terrierrassen - wie etwa dem Foxterrier - bekannt ist, ist eine zuweilen übermäßige Aggression der Welpen untereinander. Welpenspiele können sehr grob verlaufen, was völlig normal ist. Nicht normal ist aber der verbissene Ernst, mit dem schon einige Wochen alte Staffordwelpen sich gegenseitig an das Fell gehen! Bemerken Sie am schrillen Kampfgeschrei, daß da nicht nur normales Spiel, sondern eine ernsthafte Auseinandersetzung im

Welpen, 12 Wochen alt.   Foto: Gerald Pötz

Staffords, 6 Monate alt, beim Ballspiel.   Foto: Gerald Pötz

Gange ist, greifen Sie sofort ein und rufen die Streithähne zur Ordnung. Denken Sie immer daran, daß aus aggressiven Welpen auch aggressive Erwachsene werden! Der Grundstein der Verträglichkeit wird in frühester Jugend gelegt.

DIE ABGABE

Nach der 7. Woche wird es dann endgültig Zeit, sich von den liebgewonnenen Welpen zu trennen. Ich hoffe für Ihre Hunde, daß Sie dem Verkauf der Welpen mit einem lachenden und einem weinenden Auge entgegensehen. Mir ist es immer sehr schwer gefallen, meine »Kinder« gehen zu lassen und habe die zukünftigen Eltern auf Herz und Nieren geprüft. Selbstverständlich sollte die Familie oder der Käufer, zu dem der Welpe kommt, schon ab der 4. Woche Gelegenheit gehabt haben, die Welpen kennenzulernen. Hygienische Bedenken sehe ich nicht. Auch Welpen sollten schon genügend Abwehrkräfte besitzen, um mit den üblichen Keimen fertigzuwerden. Durch häufige Besuche hatten auch Sie Gelegenheit, die künftigen Familien Ihrer Welpen gründlich kennenzulernen und sie in die Prägung mit einzubeziehen.

In dem Kaufvertrag sollten Sie in jedem Fall ein Rückkaufsrecht vereinbaren, für den Fall, daß aus welchen Gründen auch immer es nötig wird, den Welpen zurückzuholen. Sie können einem Menschen immer nur vor den Kopf schauen, niemals hinein! Sie könnten auch eine vertragliche Vereinbarung treffen, die besagt, daß der Käufer sich verpflichtet, den Hund wenigstens einmal auf einer Ausstellung vorzuführen, damit Sie ein klares Bild vom Erfolg Ihrer Zucht erhalten.

Sehr gut aufgenommen werden Angebote der Züchter zum späteren Welpentreffen. So können Sie die Entwicklung Ihrer Racker im Auge behalten, bei sich ankündigenden Schwierigkeiten helfend eingreifen. Manche Züchter veranstalten jährliche Treffen der Welpenkäufer. Sie sollten möglichst zumindest lockeren Kontakt halten, so daß Sie die beruhigende Gewißheit haben, daß Sie das passende Zuhause für die Welpen gefunden haben. Ich könnte wohl nicht mehr ruhig schlafen, wenn ich nicht sicher wäre, daß alle Welpen gut plaziert sind!

ZUCHTALTER

Ein abschließendes Wort zum richtigen Alter der Zuchthunde. Die Hündin sollte erst bei der 3. Läufigkeit das erste Mal belegt werden, zu frühes Werfen und Aufziehen eines Wurfes kann ihre Entwicklung nachhaltig stören, ja, es kommt sogar vor, daß zu früh gedeckte Hündinnen Wachstum und weitere Entwicklung völlig einstellen. Nach jedem Wurf muß die Hündin mindestens eine Läufigkeit aussetzen, um sich von der Anstrengung zu erholen. Wölfe und Wildhunde werden im Gegensatz zu unseren Haushunden nur einmal jährlich läufig, können nur einen Wurf pro Jahr aufziehen. So sollte man es auch mit unserer Hündin halten.

Ein gesunder Rüde ist spätestens ab dem 9. Monat deckfähig. In aller Regel hat er aber mindestens den 12. Lebensmonat vollendet, bis er alle Auflagen, die zur Zuchtzulassung nötig sind, erfüllt hat.

Das HD-Röntgen etwa kann erst im 12. Monat eindeutige Ergebnisse liefern, Ausstellungen wollen besucht werden, eine Begleithundeprüfung kann erst mit 12 Monaten abgelegt werden. Manche, möglicherweise negative Charaktereigenschaften zeigen sich erst mit der Entwicklung des Hundes, auch das sollte man berücksichtigen.

Eine Zuchthündin kann etwa bis zum siebten oder achten Lebensjahr einmal jährlich einen Wurf aufziehen. Deckrüden können im Prinzip bis ins hohe Alter decken, vorausgesetzt, der Samen ist noch voll befruchtungsfähig.

Kapitel Acht

TYPISCHE ALLTAGS-ERLEBNISSE

Foto: Gerald Pötz

In diesem Kapitel möchte ich einige Szenen schildern, wie sie recht typisch für ein Leben mit dem American Stafford sind. Manches wird Sie vielleicht erschrecken oder Ihnen lästig erscheinen. Aber die Aufgabe eines Buches über eine Hunderasse besteht nicht darin, den Hund »schönzureden«, sondern im Gegenteil auch die negativen Seiten zu schildern. Positives bietet der American Stafford in so großer Fülle, daß einige weniger schöne Eigenschaften den echten Stafford-Freund nicht abschrecken können! Auch ist es nicht meine Absicht, Eigenschaften der Rasse zu glorifizieren! Ich hoffe sehr, daß ich nicht dahingehend mißverstanden werde.

Staffords haben ein beinahe unerschütterliches Wesen, es gibt eigentlich nicht viel, was sie aus der Ruhe bringen kann. Wie unerschütterlich es tatsächlich ist, durfte ich erfahren, als ich mit meinem Jungrüden die weite Fahrt mit dem Zug nach Dresden zu einer Ausstellung auf mich nahm!

»Gauner« war vorher noch nie mit dem Zug gefahren, kannte aber Busse und Autos. Der Zug nach Dresden war dermaßen überfüllt, daß wir trotz Sitzplatzreservierung keinen Platz für den Hund fanden. Schließlich begab ich mich mit ihm in den Teil des Zuges, der zwischen den einzelnen Wagen liegt. Er streckte sich gemütlich lang hin und schlief in kürzester Zeit tief und fest. Selbst die vielen Menschen, die immer wieder über ihn hinwegstiegen, konnten seinen Schlaf und seine Gewißheit, daß ihm nichts geschehen kann, nicht stören. Der Hund erreichte Dresden ausgeruht und frisch, ganz im Gegensatz zu uns...!

Der American Stafford liebt es,

seine Kraft auszutesten, seinen eisernen Willen immer wieder zu beweisen. »Magic«, meine zweijährige Hündin, kam mit einem gebrochenen Ellbogengelenk in meinen Besitz. Der Bruch war alt und nie behandelt worden. Nach einer Operation, die ihr wenigstens die Schmerzen nahm, blieb das Gelenk steif, der linke Vorderlauf unbrauchbar. Sie kam zwar recht gut auf drei Läufen zurecht, konnte die enorme Kraft der Rasse aber nicht mehr abreagieren.

Bis wir eines Tages an einen See kamen, etwa vier Wochen nach der Operation. Den See sehen und hineinspringen war eins! Ich machte mir schreckliche Sorgen, daß sie mit dem steifen Lauf nicht richtig schwimmen könnte und rief sie zu mir. Aber sie verweigerte ausnahmsweise den Gehorsam, schwamm prustend und schnaufend Runde um Runde, immer am Rande des Untergehens.

Als sie nach endlos scheinender Zeit dann endlich aus dem Wasser kam, zitterte sie vor Anstrengung am ganzen Körper, schnappte nach Luft. Aber ihr Gesichtsausdruck ließ keinen Zweifel: »Endlich konnte ich mal wieder etwas Dampf ablassen! Das tat gut!« Sie war offensichtlich sehr zufrieden mit sich und ihrer Leistung!

»Gauner« ist mit Menschen schon so lieb, daß es fast an Dummheit grenzt. Jeder Mensch, der uns auf der Straße entgegen kommt, wird mit Wedeln, angelegten »Schmuseohren« und breitem Grinsen begrüßt. Ein Wach- oder Schutzhund war er ganz sicher nicht! Ja, ich behaupte immer, daß er einen Einbrecher herzlich willkommen heißen würde. Daher beantwortete ich Fragen nach den Schutzeigenschaften immer mit

Öffentlichkeitsarbeit Polizeiobermeisterin Nadja Wach mit Little Reb. und Little Shiva bei einer Großveranstaltung.   *Fotos: Olaf Dülberg*

einem klaren: »Die hat er überhaupt nicht.«

Ich wurde eines besseren belehrt, als ich mit ihm spätabends in der Stadt unterwegs war. Immer noch freute er sich sehr über die wenigen Leute, die unterwegs waren. Bis mir ein offensichtlich betrunkener Mann hinterherging. Als er zu nahe kam, hörte ich ein tiefes Grollen, das so gar nicht zu dem freundlichen »Gauner« passen wollte.... Allein dieses Grollen und seine steife Haltung machten dem Mann klar, daß es sicher besser ist, sich ein anderes Opfer zu suchen.

Minuten später schmuste mein Rüde wieder mit einem - ebenfalls angetrunkenen - aber sehr freundlichen Herrn. Der Instinkt der Staffords, Gefahr und harmlose Begebenheiten auseinanderzuhalten, ist fast schon Legende.

Leider hat die Rasse einen nicht besonders guten Ruf. Ich bin mal wieder in der Stadt unterwegs, »Gauner« ist wie immer mit von der Partie. Ich setze mich in ein Cafe, heiße meinen Hund, »Platz« zu machen.

Ein vielleicht zwei Jahre alter Junge nähert sich und streichelt »Gauner« über den Kopf, was er eigentlich gar nicht mag. Bei dem Kind aber läßt er es sich gefallen und leckt ihm die Hand. Die Mutter des Jungen kommt zu uns, lobt die Kinderfreundlichkeit meines Hundes. Ihre Freundin setzt hinzu: »Ja, die Labradors sind alle so kinderlieb.«

Ich erkläre ihr, daß sie sich irrt, daß »Gauner« kein Labrador ist, mit dem er wegen seiner schwarzen Farbe manchmal verwechselt wird, sondern ein Staffordshire Terrier.

Die zuvor freundliche Stimmung ändert sich schlagartig! Die Mutter reißt den Jungen, der gar nicht

weiß, wie ihm geschieht, von dem Hund weg, beschimpft mich, wie ich es zulassen könne, daß mein Kampfhund so einfach von einem Kind angefaßt werden kann, ob ich nicht wisse, wie gefährlich diese Hunde sind! Als sie sich entfernen, merkt man ihnen deutlich an, daß sie heilfroh sind, das Kind vor dem »bissigen Kampfhund« beschützt zu haben.

Der menschenfreundlichste Stafford kann gegenüber Artgenossen ein rechter Teufel sein. Mein Jungrüde ist vorbildlich auf Hunde geprägt worden, hatte von frühester Jugend an viele verschiedene Kontakte zu anderen Hunden und hat niemals schlechte Erfahrungen gemacht. Wie bereits gesagt, Menschen gegenüber war er immer überfreundlich. Bis er 12 Monate alt ist verträgt er sich mit beinahe jedem Hund. Wir verleben mit ihm Urlaub an der See, wo er jeden Tag mit vielen Hunden spielt, sich und mal selbst den anderen unterwirft.

Fast genau auf den Tag mit 16 Monaten ist es dann vorbei mit der Verträglichkeit. Die Hunde, die er von klein auf kennt, werden akzeptiert, fremde gnadenlos attackiert, gleichgültig, ob es sich um Rüden oder Hündinnen handelt. Ich halte das für eine vorübergehende Phase, der mit Erziehung beizukommen ist. Aber weit gefehlt! Kein einziger Erziehungsversuch funktioniert. Obwohl ich über einige Erfahrung mit Hunden, auch mit sogenannten Problemhunden verfüge, gelingt es mir nicht, seine Rauflust unter Kontrolle zu bekommen. Das Erbe der alten Kampfhunde schlägt bei ihm voll durch. Nicht einmal eine Hormonbehandlung durch den Tierarzt schafft Abhilfe.

Ich habe mich wohl oder übel mit ihm auf eine Art »stilles Über-

Disziplin wie der Diensthund. Polizeiobermeisterin Nadja Wach mit Little Shiva, Little Reb., Satana Lady und Barry.   *Fotos: Olaf Dülberg*

einkommen« geeinigt: Er ist wenigstens halbwegs ruhig, wenn wir fremden Hunden begegnen, ich passe doppelt so gut auf, ob welche in Sicht kommen. Dies ist nur eine kleine Auswahl an negativen wie positiven Ereignissen, auf die man vorbereitet sein sollte, wenn man sich den American Staffordshire zum Begleiter wählt.

Vorurteile, ja offensichtliche Feindseligkeit gegenüber Ihnen als Kampfhunde-Halter gehören leider fast zum Alltag. Wenn wieder einmal Schreckensberichte in der Presse zu lesen waren, kann ein Spaziergang in ein Spießruten-laufen ausarten. In manchen Ländern ist es besser, ohne Hund den Urlaub zu verbringen, in den Niederlanden etwa ist zwar offiziell nur der American Pit Bull verboten, aber auch mit einem Staffordshire werden Sie eine Menge Unannehmlichkeiten haben, sei es, daß Sie immer wieder von der Polizei aufgefordert werden, die Papiere des Hundes vorzuzeigen, um zu beweisen, daß er kein Pit Bull ist, oder daß Sie mit ihm kein Cafe betreten dürfen.

Vermieter könnten Ihnen die Wohnung kündigen, wenn Sie einen Kampfhund besitzen, in dem

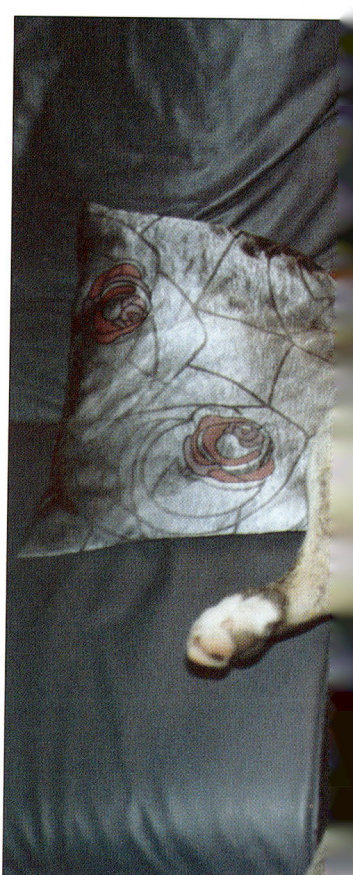

Siesta!

Foto: Corinne Basello

Bundesland Bayern benötigen Sie eine Ausnahmegenehmigung, um einen Stafford zu halten. Versicherungen können es ablehnen, Ihren Hund aufzunehmen, viele Hundesportvereine wollen diese Rassen nicht bei sich haben. Die Liste ließe sich fast endlos weiterführen.

Doch trotz aller Schwierigkeiten gibt es kaum eine größere Freude, als einen Stafford zum Partner zu haben. Sein Temperament, seine offensichtliche Unfähigkeit, seine Energie zu zügeln, das breite Lächeln, mit dem er sie begrüßt, die Freude, die er um so viel deutlicher zeigt als andere Rassen,

seine Persönlichkeit, ja auch sein Sturkopf, das alles macht den Stafford zu dem, was er ist: Eine der faszinierendsten Hunderassen der Welt, einmalig in ihrem Charakter und fesselnd.

Es heißt nicht umsonst: Einmal ein Stafford - immer ein Stafford. Ich wünsche Ihnen, daß Sie diese Erfahrung, den Stafford zum Freund zu haben, mit mir teilen können, damit auch Sie wissen, was es bedeutet, wenn es heißt:

Ja, es ist wahr, ein Stafford packt zu und läßt nie wieder los - Dein Herz!

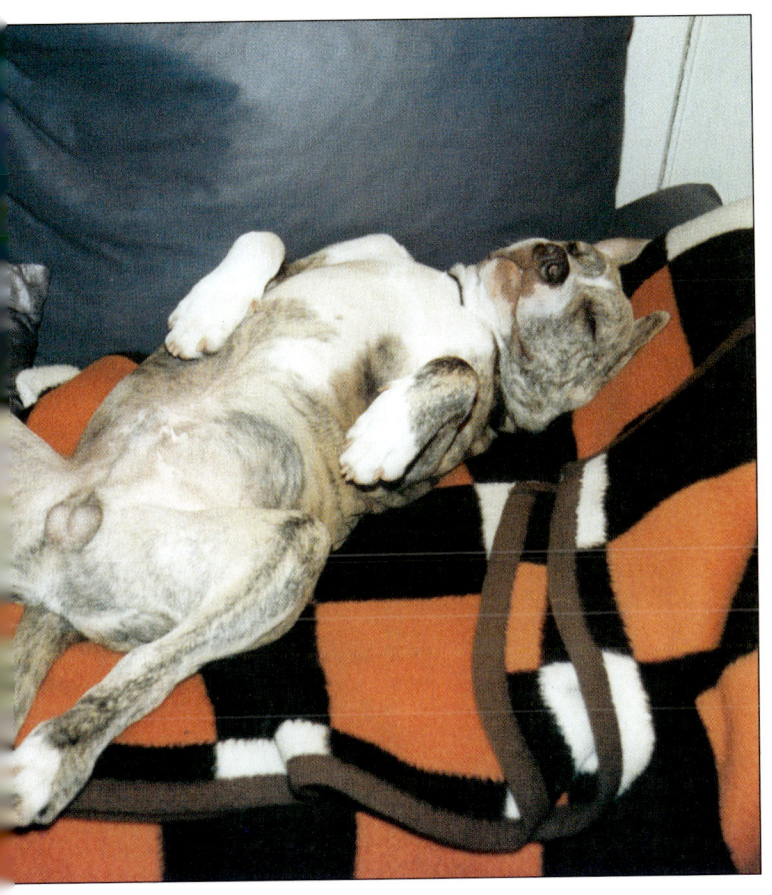

Wichtige Adressen

Gesellschaft der
Bullterrier-Freunde e.V.
Wolfgang Bimmermann
Vorarlbergweg 6
83024 Rosenheim
Tel.: 08031/83839

1. American Staffordshire Terrier Club e.V.
Geschäftsstelle: Andrea Fliege
Detmolder Weg 1
32107 Bald Salzuflen
Tel.: 05222/797282

Deutscher Club für Bullterrier e.V.
Geschäftsstelle
Zeisigweg 17
56179 Vallendar
Tel.: 0261/679162

1. American Staffordshire Terrier Working Club
Geschäftsstelle: G. Haas
Pranhartsberg 15
A - 3714 Sitzendorf
Tel.: 02959/3208

Österr. Club für American Staffordshire Terrier
Vorsitzende: Christine Bechstein
Thaliastraße 146, A - 1160 Wien
Tel.: 0222/458292

American Staffordshire Terrier Club - Schweiz
Präsidentin: Cornelia Burgundthal
Oberdorfstraße 5
CH - 5506 Mägenwil
Tel.: 062/8962052

Jaqueline Fraser
AMERICAN STAFFORDSHIRE TERRIER
Dieses Buch stammt aus der Feder einer der besten Züchterinnen des Am. Staff in den USA. Sie schildert die Rasse aus langen Jahren persönlicher Erfahrung und hat dem Am. Staff in den deutschsprachigen Ländern zum Durchbruch verholfen. Die Kapitel über Zucht und Geburt sind hervorzuheben, ebenso das Kapitel über Gesundheitsvorsorge mit allerneuesten Informationen. All die, welche bereits dem American Staffordshire Terrier verfallen sind, werden ihre Freude an den Kapiteln haben, welche die Geschichte des American Staffordshire Terrier aus den frühen Tagen des Bull Baitings bis zu den heutigen großen Siegen auf Schönheitsausstellungen und Leistungsprüfungen des AKC aufzeigen. Jaqueline Fraser begann im Jahre 1974 ihre »Fraja«-American Staffordshire Terrier zu züchten und auszustellen, sie selbst hat als Züchterin und Besitzerin über 30 Hunde zum Championat geführt. Für jeden Stafford-Fan ist dieses Buch Pflichtlektüre, wenn er seine Rasse wirklich kennen möchte.
148 Seiten Großformat, 271 Abbildungen, DM 56,--.

Todd Fenstermacher
AMERICAN PIT BULL TERRIER HEUTE
Pit Bulls - Medienmonster, Raufbolde oder - wunderbare angenehme Familienhunde? Voraussetzungen für alle drei Entwicklungen bringen diese Hunde mit. Es liegt nur an ihren Besitzern, welchen Weg ihre Hunde gehen. Über den American Pit Bull Terrier fehlen dringend sachkundige Informationen aus erster Hand. Dieses Buch tritt an die Stelle von Denken, Glauben, Meinen - es bietet aus langjährigem, täglichem Umgang

mit diesen Hunden fundiertes Wissen. Todd Fenstermacher ist engagierter Züchter, Ausbilder und Schönheitsrichter für die Rasse. Sein Buch gibt Kenntnis über Rassegeschichte, Charakter, Erziehung, Haltung und Pflege. Wenige Hundefreunde ahnen wieviel Freude Pit Bulls zu schenken vermögen, aber auch - daß sie sehr konsequente Erziehung fordern. 150 Seiten, über 150 Farbfotos. DM 49,80.

KYNOS VERLAG Dr. Dieter Fleig GmbH
Am Remelsbach 30 - D-54570 Mürlenbach
Telefon 06594/653 - Telefax 06594/452

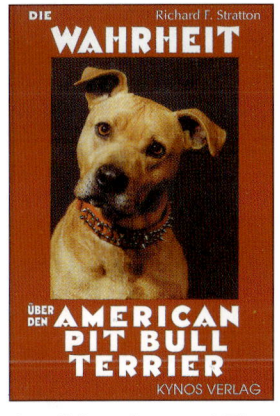